LI JUS
SAINT NICOLAI.

TYPOGRAPHIE DE FIRMIN DIDOT FRÈRES,
IMPRIMEURS DE L'INSTITUT, RUE JACOB, N° 24.

LI JUS
SAINT NICOLAI,

PAR

JEHAN BODEL.

PUBLIÉ
PAR LA SOCIÉTÉ DES BIBLIOPHILES FRANÇAIS

M DCCC XXXIV

C'EST LI JUS
DE S. NICHOLAI,

PAR JEHAN BODEL.

NOMS DES PERSONNAGES.

LI ANGELES.
S. NICHOLAIS.
LI ROIS.
LI SENESCAUS.

Li Amiraus
- DEL COINE.
- D'ORKENIE.
- D'OLIFERNE.
- DU SEC ARBRE.

AUBERONS, LI COURLIUS.
LI CRESTIEN.
UNS CRESTIENS, ou LI PREUDOM.
CONNARS, LI CRIÈRES.
LI TAVERNIERS, ou LI OSTES.
CAIGNÈS, son valet.
RAOULÈS, autre crière.
CLIKÈS,
PINCEDÉS, } joueurs et voleurs.
RASOIRS,
DURANT, geolier.

LI JUS
DE S. NICHOLAI.

LI PRÉECIERES.

Oiiés, oiiés, seigneurs et dames,
Que Diex vous soit garans as ames!
De vostre preu ne vous annit;
Nous volommes parler anuit
De saint Nicolai, le confès,
Qui tant biaus miracles a fais.
Che nous content li voir disant,
Qu'en sa vie trouvons lisant
Que jadis fu uns rois paiiens
Qui marchissoit as crestiens :
Chascun jour ert entr'eus la guerre.
Un jour fist li paiens requerre
Les crestiens en itel point
Que il ne se gaitoient point;
Dechéu furent et souspris;
Mout en i ot et mors et pris.

LI JUS

Legierement les desconfirent,
Tant qu'en une manoque virent
Ourer un preudomme de age,
A genous devant une ymage
De saint Nicolai, le baron.
Là vinrent li cuivert felon;
Mout li firent honte et anui;
Puis prisent et l'image et lui,
Mout ferm l'adestrerent et tinrent,
Tant que il devant le roy vinrent,
Qui mout fu liés de le victoire;
E chil li conterent l'estoire
Del crestien; che fu la somme.
— Vilains, dist li rois au preudome,
En chel fust as i tu créanche?
— Sire, ains est fais en le sanlanche
Saint Nicolai que je mout aim;
Pour che l'aour-je et reclaim,
Que nus hom, qui l'apiaut de cuer,
N'iert jà esgarés à nul fuer;
Et s'est si bonne garde eslite
Que il monteploie et pourfite
Canque on li commande à garder.
— Vilains, je te ferai larder
S'il ne monteploie et pourgarde

DE S. NICHOLAI.

Mon tresor; je li met en garde
Pour ti sousprendre à occoison.
— Atant le fait metre en prison,
Et un carquan ou col fremer;
Puis fist ses escrins deffremer
Et deseure couchier l'image,
Puis dist: se nus l'en fait damage
Et il ne l'en set rendre conte,
50 Mis iert li crestiens à honte.
Ensi commanda son avoir,
Tant c'as larrons vint assavoir.
Une nuit il trois s'assanlerent,
Au tresor vinrent, si l'emblèrent;
Et quant il l'en orent porté,
Si leur donna Diex volenté
De dormir : tès sommes lor vint
Qu'iloeuc endormir les convint,
Ne sai où, en un abitacle.
60 Mais, pour abregier le miracle,
M'en passe outre selon l'escrit.
Et quant che sot li rois, et vit
Que son tresor a desmané,
Lors se tint-il à engané.
Le vilain amener commande
Quant il le vit, se li demande :

— Vilains, pour coi m'as-tu dechut?
— A paines respondre li lut
Le prodome, si le menoient
Chil qui d'ambes pars le tenoient;
L'un le boute, l'autre le sache.
Li roys commande c'on le fache
Morir de mort laide et despite.
— A! roys, pour Dieu! car me respite
Anuit mais, fait li crestiens,
Savoir se ja de ches liens
Me geteroit sains Nicolais.
— A grant paine l'en fist relais;
Mais issi le conte le lettre
Qu'en se chartre le fist remetre;
Et quant remis fu en prison
Toute nuit fu à orison :
Onques de plourer ne cessa.
Sains Nicolais s'achemina,
Qui n'ouvlie pas son serjant;
As larrons en vint ataignant
S'es esvilla, car il dormirent;
Et maintenant, quant il le virent,
Si furent loeus entalenté
D'esploitier à se volenté;
Et il, sans point de deporter,

Lor fist arriere reporter
Le tresor, sans point de demeure,
Et mettre l'ymage deseure
Ensi comme il l'orent trouvé.
Quant li roys l'ot ensi prouvé
Le haut miracle du bon saint,
Lors commanda que on li maint
Le preudomme, sans lui grever.
Baptisier se fist et lever,
Et lui et ses autres paiens;
Preudom fu et bons crestiens;
Ainc puis n'ot de mal faire envie.
Signeur, che trouvons en le vie
Del saint dont anuit est la veille :
Pour che n'aiés pas grant merveille
Se vous véés aucun affaire;
Car canque vous nous verrés faire
Sera essamples, sans douter,
Del miracle représenter
Ensi con je devisé l'ai.
Del miracle saint Nicolai
Est chis jeus fais et estorés :
Or nous faites pais; si l'orrés.

LI JUS

AUBERONS, LI COURLIUS.

Roys, chil Mahom qui te fist né
Saut et gart toi et ten barné,
Et te doinst forche de resqueurre
De chiaus qui te sont courut seure,
Et te terre escillent et proient,
Et nos dieus n'onneurent, ne proient,
Ains sont crestien de put lin!

LI ROIS, au senescal.

Ostes, par mon dieu Apolin!
Sont dont crestien en ma terre?
Ont-ils esméue la guerre?
Sont-il si hardi ne si os?

AUBERONS, au roi.

Rois, tès empires, ne teuls os
Ne fu puis que Noeus fist l'arche,
Con est entrée en ceste marche;
Par tout keurent jà li fourrier :
Putain et ribaut et houlier
Vont le païs ardant à pourre.
Roys, s'or ne penses de rescourre,
Mise est à perte et à lagan.

LI ROIS, à Tervagan (*son idole.*)

A! fiex à putain, Tervagan,
Avés-vous dont souffert tel œuvre?

DE S. NICHOLAI.

Con je plaing l'or dont je vous cuevre
Che lait visage et che lait cors!
Certes, s'or ne m'aprent mes sors
Les crestiens tous à confondre,
140 Je vous ferai ardoir et fondre
Et departir entre me gent;
Car vous avés passé argent,
Si estes du plus fin or d'Arrabe.

(Au senescal.)

Senescaus, à poi je n'esrabe,
Et muir de mautalent et d'ire.

LI SENESCAUS, au roi.

A! roys, nel déussiés pas dire
Tel outrage ne tel desroi.
N'affiert à conte, ni à roi,
D'ensi ses Diex mesaesmer:
150 Vous en faites mout à blamer;
Mais puis que conseillier vous doi,
Alons à Tervagan andoi
Prier qu'il ait de nous pardons,
A nus keutes, à nus genous;
Si que par sa sainte vertu
Soient crestien (*tous*) abatu;
Et se l'onnour devons avoir,
Que il nous en fache savoir

LI JUS

Tel vois et tel senefianche,
Où nous puissons avoir fianche.
En che conseil n'a point d'engan ;
Et si prometés Tervagan
Dix mars d'or, à croistre ses joes.

LI ROIS, au senescal.

Alons-i, puis que tu le loes.

(A Tervagan.)

Tervagan, par melancolie,
Vous ai hui dit mainte folie ;
Mais g'iere plus ivres que soupe.
Merchi vous proi, s'en renc me coupe,
A nus genous et à nus keutes,
Que miex me venist avoir teutes.
Sire, li tiens secours me viegne,
Et de no loy hui te souviegne,
Que crestien tolir nous cuident.
Jà sont espars par me terre ample.
Sire, par sort et par essample,
Me demonstre comment s'en wident.
Si le monstre à ton ami,
Par sort ou par art d'anemy,
S'envers aus me porrai resceurre ;
En tel maniere le me di :
Se je doi gaagnier, si ri,

DE S. NICHOLAI.

Et se je doi perdre, si pleure.
(Au senescal.)
Senescal, que vous est avis?
Tervagan a plouré et ris;
Chi a mout grant senefianche.

LI SENESCAUS.

Certes, sire, vous dites voir;
El rire poés-vous avoir
Grant séurté et grant fianche.

LI ROIS.

Senescal, foi que dois Mahom!
Si que tu ies mes liges hom,
Che sort me demoustre et espiel.

LI SENESCAUS.

Sire, foi que je doi vo cors!
S'espiélus vous estoit li sors,
Je croi jà ne vous sera bel.

LI ROIS.

Senescal, n'aiés pas péur;
De tous mes Diex vous asséure;
Jus soit, et fies-te necaudent.

LI SENESCAUS.

Sire, bien vous croi seur les Diex;
Mais assés vous querroie miex
Se vous l'ongle hurtiés au dent.

LI ROIS.

Senescal, n'aiés pas doutanche,
Veschi le plus haute fianche :
Se vous aviés men pere mort,
N'averiés-vous mais de moi garde.

LI SENESCAUS.

Or n'ai pas le langue couarde ;
Jà seront despondu li sort :
Che qu'il rist, primes, c'est vos biens ;
Vous vainterés les crestiens
A l'eure que contre aus irés ;
Et s'ot droit s'il ploura après,
Car c'est grans dolours et grans piès
Qu'en fin vous le relinquirés.
Ensi avenra entresait.

LI ROIS.

Senescal, cinc cens dehais ait
Qui dist ne qui l'a en pensé ;
Mais, foi que doi tous mes amis !
Se li dois ne fust au dent mis,
Jà Mahom ne t'éust tensé
Que ne te féisse deffaire.
Cuiquaut, or parlons d'autre affaire ;
Alés, se faites crier l'ost ;
Que tout viegnent en me besoigne

DE S. NICHOLAI.

D'Orient dusqu'en Kateloigne.

LI SENESCAUS.

Or cha, Connart, si crie tost.

CONNARS.

Oiiés, oiiés, oiés, signeur,
Oiés vo preu et vo honneur;
Je fac le ban le Roy d'Aufrike.
Que tout i viegnent, povre et rique,
Garni de leur armes par ban.
De le terre prestre Jehan
Ne remaigne jusques al Coine
D'Alixandre de Babiloine,
Li kenelieu, li achopart,
Tout vegnent garni ceste part,
Et toute l'autre gent grifaigne;
Séurs soit quiconques remaigne
Que li roys le fera tuer;
N'i a plus, or poés huer.

LI ROIS, à Auberon.

Diva! ies-tu chaiens, Auberons, mes courlieus?

AUBERONS.

Sire, vées me chi, ne vous sui mie eskiex.

LI ROIS.

Auberon, au bien courre soies entalentiex;
Va moi par tout semonre gaians et queneliex;

Monstre par tout mes lettres et mon séel apert,
Comment par crestiens ma loys dechiet et pert;
Chil qui demourront soient séur et chiert
Qu'il et leur oir seront à tous jours mais cuivert.
Va t'en; je te cuidoie jà dehors le banlieue.

   AUBERONS.
Sire, n'en doutés jà, nus cameus une lieue
N'est tant isniaus de courre que je ne raconsieue,
250 Derrier moi ne le meche devant demie lieue.

   LI TAVRENIERS.
 Chaiens, fait bon diner chaiens;
 Chi a caut pain et caus herens,
 Et vin d'Aucheurre à plain tonnel.

   AUBERONS.
A! saint Beneoit, vostre anel
Me laissiés encontrer souvent!

   AUBERONS, au tavrenier.
Que vent-on chaiens?

   LI TAVRENIERS.
     C'on i vent?
Amis, un vin qui point ne file.

   AUBERONS.
A con bien est-il?

   LI TAVRENIERS.
     Au ban de le vile.
Je n'en serai à nul fourfait,

DE S. NICHOLAI.

260 Ne du vendre, ne du mestrait;
Séés vous cha en ceste achinte.

AUBERONS.

Ostes, mais sachiés une pinte;
Si buverai tout en estant;
N'ai cure de demourer tant;
De moi convient prendre conroi.

LI TAVRENIERS.

A cui ies-tu?

AUBERONS.

Je sui au roy;
Si porte son seel et son brief.

LI TAVRENIERS.

Tien, chis te montera où chief;
Boi bien, li miendres est au fons.

AUBERONS.

270 Chis hanas n'est mie parfons;
Il fust bons à vin assaier.
Dites, combien doi-je paier?
Je fac que faus, qui tant demeure.

LI TAVRENIERS.

Paie denier, et à l'autre eure
Aras le pinte pour maaille;
C'est à douze deniers sans faille;
Paie un denier, ou boi encore.

AUBERONS.

Mais le maille prenderés ore,
Et au revenir le denier.

LI TAVRENIERS.

280 Veus-tu faire jà le panier?
Au mains me dois-tu trois partis;
Ains que de chi soies partis
Sarai bien à coi m'en tenrai.

AUBERONS.

Ostes, mais quant je revenrai
S'arés pour un denier le pinte.

LI TAVRENIERS.

Par foi! c'ert à candoille estinte;
Pour noient te pues travillier.

AUBERONS.

Ne me puis à vous awillier,
Se une maille en deux ne caup.

CLIKÈS.

290 Qui veut un parti à che caup
Pour esbanier petit gieu?

LI TAVRENIERS.

Avés oï, sire courlieu?
Alés enwillier vostre affaire.

AUBERONS.

Soit, pour un parti à pais faire.

DE S. NICHOLAI.

CLIKÈS.

Pour un, mais pour canques tu dois.

AUBERONS.

Or fai dont dire l'oste anchois.

CLIKÈS.

Che ne seroit mie fourfais;
Distes, ostes, en est-il pais?

LI TAVRENIERS.

Oïl, anchois que nus s'en tourt.

AUBERONS.

300 Giete, as plus poins, sans papetourt.

CLIKÈS.

Il s'en vont, n'en ai nul assis.

AUBERONS.

Par foi! tu n'as ne cinc ne sis;
Ains i a ternes et un as.

CLIKÈS.

Che ne sont que sept poins, elas!
Con par sui mesquéans à dés!

AUBERONS.

Toutes eures giet jou après,
Biaus dous amis, coi que tu aies,
Tu n'en goutas et si le paies;
J'ai quaernes, le plus mal gieu.

LI JUS

CLIKÈS.

310 Honnis soient tout li courlieu!
Car tous jours sont-il à le fuite.

AUBERONS.

Biaus ostes, chis vassaus m'acuite.
Il me dist lait, mais nequedent.

LI TAVRENIERS.

Va, va, mar vit li piés le dent.

AUBERONS.

Mahom saut l'amiral del Coine,
De par le roy, qui sans essoigne
Li mande qu'en s'aïe viegne!

LI AMIRAUS DEL COINE.

Auberon, che me di au roy;
Je li menrai riche conroi;
320 N'iert essoigne qui me retiegne.

AUBERONS.

Mahom te saut et benéie
Riches Amiraus d'Orkenie,
Par le roy, qui secours te mande!

LI AMIRAUS D'ORKENIE.

Auberons, Mahom sauve lui!
Va-t'ent, je m'en irai ancui
Des puis que il le me commande.

DE S. NICHOLAI.

AUBERONS.

Chis Mahommes qui tout gouverne,
Te saut, riches roys d'Olifferne,
De par le roy qui te semont!

LI AMIRAUS D'OLIFERNE.

330 Auberon, che pués le roy dire
Que g'i menrai tout men empire.
Ne lairoie pour tout le mont.

AUBERONS.

Amiraus d'outre le sec arbre,
Li roys d'Aïr, Tranle et Arabe
Pour le guerre des crestiens,
Te mande le secours prochain.

LI AMIRAUS DU SEC ARBRE.

Auberon, le matin bien main,
Vous menrai cent mile paiens.

AUBERONS.

Roys, Mahom toi et te maisnie
340 Saut et gart!

LI ROIS.

Et toi benéie,
Auberons! con as exploitié?

AUBERONS.

Certes, sire, tant ai coitié,
Par Arrabe et par païenime,

C'ainc si grant pule de le dime
N'eut nus roys de paiens ensanle,
Comme il vient à toi, che me samble,
Conte et roy et prinche et baron.

LI ROIS.

Va-t'en reposer, Auberon.

LI AMIRAUS DEL COINE.

Roys d'Apolin et de Mahom,
Te salu con tes liges hom,
Car venus sui à ten commant;
Jel' doi faire par estouvoir.

LI ROIS.

Biaus amis, vous faites savoir;
Tous jours venés quant je vous mant.

LI AMIRAUS DEL COINE.

Rois, d'assés outre pré noiron,
La terre où croissent li ourton,
Sui venus pour vostre menache;
A grant tort jamais me harrés;
Venus sui à cauchiers ferrés,
Trente journées parmi glache.

LI ROIS.

Di, qui sont chil en chele rengue?

LI AMIRAUS D'ORKENIE.

Sire, d'outre grise Wallengue,

Là où li chien esquitent l'or.
Moi devés-vous forment amer,
Car je vous fac venir par mer
Cent navées de mon trésor.

LI ROIS.

Segneur, de vo paine ai grant per;
Et dont ies-tu?

LI AMIRAUS D'ORKENIE.

Roys, d'outre mer,
Unes terres ardans et caudes;
Ne sui mie vers vous escars.
Car je vous amain trente cars
Plains de rubis et d'esmeraudes.

LI ROIS.

Et tu qui m'esgardes alec,
Dont ies-tu?

LI AMIRAUS D'OUTRE L'ARBRE SEC.

D'outre l'Abre sec :
Ne sai comment rien vous donroie,
Car en no païs n'a monnoie
Autres que pierres de moelin.

LI ROIS.

Ostes, par men dieu Mahommet!
Con fait avoir chis me permet,
Bien sai que jamais povres n'iere.

LI JUS

LI AMIRAUS D'OUTRE L'ARBRE SEC.
Sire, ne vous mentirai rien;
En no païs emporte bien
Uns hom cent sols en s'aumoniere.
LI SENESCAUS.
Roys, puis que vo baron vous sont venu requerre,
Faites leur maintenant les crestiens requerre.
LI ROIS.
Senescal, par Mahom! ne leur faurra mais guerre;
S'icrent ou mort ou pris, ou cachié de le terre.
Alés i, senescal, dites leur de par moi
Que maintenant se mechent sagement en conroi.
LI SENESCAUS.
Segneur, à tous ensanle vous di de par le roy
Que vous alés fourfaire seur crestiene loy;
Pour crestiens confondre fustes vous chi mandé;
Che qu'il nous ont fourfait convient estre amendé.
Alés i maintenant, li roys l'a commandé.
(Or parolent tout.)
Alons, à Mahommet soiions-nous commandé!
LI CRESTIEN parolent.
Sains sépulcres aïe, Segneur, or du bien faire!
Sarrasin et paien vienent pour nous fourfaire:
Vés les armes reluire, tous li cuers m'en esclaire;
Or le faisons si bien que no proueche i paire.

400   Contre chascun des nos sont bien cent par devise.

UNS CRESTIENS.

Segneur, n'en doutés ja, vés chi vostre juise;
Bien sai tout i morrons el dame Dieu serviche;
Mais mout bien m'i vendrai, se m'espée ne se brise.
Jà n'en garira un ne coiffe ne haubers.
Segnieur el Dieu serviche soit hui chascuns offers!
Paradys sera nostres et eus sera ynfers.
Gardés al assanler qu'il encontrent no fers.

UNS CRESTIENS, NOUVIAUS CHEVALIERS.

Segneur, se je sui jones, ne m'aiés en despit;
On a véu souvent grant cuer en cors petit.
410 Je ferrai cel forcheur, je l'ai piecha eslit,
Sachiés je l'ochirai, s'il anchois ne m'ochist.

LI ANGELES.

Segneur, soiés tout asséur,
N'aiés doutanche ne péur.
Messagiers sui Nostre Segneur
Que vous metra fors de doleur.
Aiés vos cuers fers et créans
En Dieu; jà pour ches mescréans,
Qui chi vous vienent à baudon,
N'aiés les cuers se séurs non.
420   Metés hardiement vos cors
Pour Dieu, car chou est chi li mors

Dont tout li pules morir doit
Qui Dieu aime de cuer et croit.
LI CRESTIENS.
Qui estes-vous, biau sire, qui si nous confortés,
Et si haute parole de Dieu nous aportés?
Sachiés, se chou est voirs que chi nous recordés,
Asseur recheverons nos ennemis mortés.
LI ANGELES.
Angles sui à Dieu, biaus amis;
Pour vo confort m'a chi tramis.
430 Soiés séur, car ens es chiex
Vous a diex fait sages esliex :
Alés, bien avés conmenchié;
Pour Dieu serés tout detrenchié;
Mais le haute couronne arés.
Je m'en vois; à Dieu demourés.
LI AMIRAUS DEL COINE.
Segneur, je sui tous li ainnés,
Si ai maint bel conseil donnés,
Créés moi, che sera vo preus;
Chevalier sommes esprouvé :
440 Se li crestien sont trouvé,
Gardés qu'il n'en escap uns seus.
CIL D'ORKENIE.
Escaper, li fil à putain!

DE S. NICHOLAI.

Je ferrai si le premerain;
Mais gardés que nus n'en estorge.
CIL DEL COINE.
Segneur, ne soiés jà doutant
Que jou n'en ochie autretant,
Con Berengiers soiera d'orge.
CIL D'ORKENIE.
Segneur tuéour, entre vous
Ochirrés les ore si tous
Que vous ne m'en lairés aucun.
CIL D'OUTRE L'ARBRE SEC.
Véés ichi le gent haïe;
Li chevalier Mahom aïe,
Ferés, ferés tout de commun.

(Or tuent li Sarrasin tous les Crestiens.)
LI AMIRAUS D'ORQUENIE parole.
Segneur baron, acoutés tost
Toutes les merveilles de l'ost;
Sont tout gas fors de che caitif;
Veschi un grant vilain kenu :
S'aoure un Mahommet cornu;
Ochirrons le, ou prenderons vif?
CIL D'OLIFERNE.
Non ochirrons mie, par foy!
Ains le meurons devant le roy,

Pour merveille, che te promet;
Lieve sus, vilain, si t'en vien.
CIL DU SEC ARBRE.
Segneur, or le tenés moult bien,
Et je tenrai le Mahommet.
LI ANGELES.
A! chevalier qui chi gisiés
Com par estes bon éuré!
Comme or ches euvres despisiés
Le mont où tant avés duré!
470 Mais pour le mal k'éu avés,
Mien ensiant, très bien savés
Quels biens chou est de paradys,
Où Diex met tous les siens amis.
A vous bien prendre garde doit
Tous li mons, et ensi morir,
Car Dieus mout douchement rechoit
Chiaus qui o lui voelent venir.
Qui de bon cuer le servira
Jà se paine ne perdera,
480 Ains sera es chieus couronnés
De tel couronne comme avés.
LI PREUDOM.
Sains Nicolais, dignes confès,
De vostre home vous prendé pès;

Soiés me secours et garans,
Bons amis Dieu, vrai conseilliere,
Soiés pour vostre homme veilliere;
Si me wardés de ches tirans.

LI ANGELES.

Preudom qui si ies efferés,
Soies en Dieu préus et senés;
Se t'enmainnent chist traïtour
N'aies paour, con nul paour;
En dame Dieu soies bien chiers,
Et en saint Nicolai après;
Car tu aras sen haut confort,
S'en foy te voit séur et fort.

LI AMIRAUS DEL COINE.

Roys, soies plus liés c'onques mais;
Car le guerre avons mis à pais.
Par no avoir et par no sens
Mort sont si larron, li cuivert,
Si que li camp en sont couvert
A quatre lieues en tous sens.

LI BOIS.

Segneur, moult m'avès bien servi;
Mais ainc mais tel vilain ne vi.
Comme je voi illeuc, à destre;
De chele cocue grimuche,

Et de che vilain à l'aumuche,
Me devisés que che puet estre.
LI SENESCAUS.
Roys, pour merveilles esgarder,
Le t'avons fait tout vif garder :
Or oiés dont il s'entremet.
A genous le trouvai ourant,
A jointes mains et en plourant,
Devant son cornu Mahommet.
LI ROIS.
Di va, vilains, se tu i crois.
LI PREUDOM.
Oïl, sire, par sainte crois!
Drois est que tous li mons l'aourt.
LI ROIS.
Or me di pour coi, vilains lais.
LI PREUDOM.
Sire, chou est sains Nicolais,
Qui les desconsilliés secourt;
Tant sont ses miracles apertes,
Il fait r'avoir toutes ses pertes,
Il r'avoie les desvoiés,
Il rapele les mescréans,
Il ralume les non voians,
Il resuscite les noiiés :

DE S. NICHOLAI.

Riens, qui en se garde soit mise,
N'iert jà perdue ne maumise,
Tant ne sera abandonnée;
Non se chis palais ert plain d'or,
Et il géust seur le tresor :
Tel grasse li a Diex donnée.

LI ROIS.

Vilain, che sarai-jou par tans;
Ains que de chi soie partans,
Tes Nicolais iert esprouvés.
Mon tresor commander li vocil :
Mais se g'i pert, nis plain men oeil,
Tu seras ars ou enroués.
Senescal, maine le à Durant,
Men tourmenteour, men tirant;
Mais garde qu'il soit fers tenus.

LI SENESCAUS.

Durant, Durant, œvre le chartre,
Tu aras jà ches piaus de matre.

DURANS.

A foi! mau soiés-vous venus!

LI PREUDOM.

Sire, con vo machue est grosse!

DURANS.

Entres, vilains, en cele fosse

Aussi estoit li chartre seule;
Jamais tant que soies mes bailles
N'ierent huiseuses mes tenailles,
Ne que tu aies dent en geule.

LI ANGELES.

550 Preudons, soies joians, n'aies nule paour,
Mais soies bien créans ens ou vrai sauvéour,
Et en saint Nicolai;
Que jou de verité sai
Que sen secours aras;
Le Roy convertiras,
Et ses barons metras
Fors de leur fole loy.
Et si tenront le foy
Que tienent crestien;
560 De cuer vrai croi saint Nicolai.

LI SENESCAUS.

Sire, il est en le cartre mis.

LI ROIS.

Or, Senescaus, biaus dous amis,
Tous mes tresors, canques j'en ai,
Voeil que il soient descouvert,
Et huches et escrin ouvert;
Si metés sus le Nicolai.

LI SENESCAUS.

Sire, vo commandise est faite,
N'i a mais ne serjant, ne gaite;
Or poès dormir asséur.

LI ROIS.

570 Voire, foi que doi Apolin!
Mais se je perc un estrelin,
Avoir puet li vilains péur,
Trop se puet en son Dieu fier.
Or faites tost mon ban crier,
Je voeil qu'il soit par tout séu.

LI SENESCAUS.

Or cha, Connart, criés le ban,
Que li tresors est à lagan;
Mout est bien à larrons kéu.

CONNARS, LI CRIÉRES.

Oiiés, oiiés, segneur trestout,
580 Venés avant, faites me escout :
De par le roi vous fai savoir
C'à son tresor, n'à son avoir,
N'ara jamais ne clef ne serre.
Tout aussi comme à plaine terre
Le puet-on trouver, che me sanle;
Et qui le puet embler, si l'emble;
Car il ne le garde mais nus,

Fors seus uns Mahomès cornus,
Tous mors, car il ne se remue.
590 Or soit honnis qui bien ne hue.
LI TAVRENIERS.
Caignet, nous vendons moult petit;
Va, se dit Raoul que il crit
Le vin; le gent en sont saoul.
CAIGNÈS.
Or cha, si crierés, Raoul,
Le vin aforé de nouvel,
Qui est d'Aucheurre, à plain tonnel.
CONNARS.
Qu'est che musars? que veus-tu faire?
Veus me tu tolir mon affaire?
Sié cois, car envers moi mesprens.
RAOULÈS.
600 Qui ies-tu qui le me deffens?
Di-moi ton nom, se Diex te gart.
CONNARS.
Amis, on m'apele Connart;
Criéres sui par naïté
As eskiévins de la chité.
Soixante ans a passés et plus
Que de crier me sui vescus.
Et tu, con as non, je te pri?

RAOULÈS.

J'ai non Raouls, qui le vin cri;
Si sui as homes de le vile.

CONNARS.

610 Fui, ribaus, lai ester te gille,
Car tu cries trop à bas ton;
Met jus le pot et le baston,
Car je ne te pris un festu.

RAOULS.

Qu'est-che, Connart? boutes me tu?

CONNARS.

Oïl, pour poi je ne te frap;
Met jus le pot et le hanap,
Si me claime le mestier quite.

RAOULS.

Oiiés, quel lécherie a dite!
Qui me roeve crier? no torne
620 Connart, or ne fai pas le prome
Que tu n'aies ton peleic;
Tous jours sont li connart batit,
Jà n'ierent liet, s'on ne les bat.

CAIGNÈS, au tavernier.

Sire, Raoulès se combat,
Il et Connars, pour le mestier.

LI TAVRENIERS.

Ho ho! segneur, che n'a mestier :
Sié cois, Raoul, et tu, Connart ;
Si vous metés en mon esgart,
Vous i gaengnerés andoi.

RAOULÈS.

Jou l'otroi bien.

CONNARS.

Et jou l'otroi,
Se jou tout perdre le devoie.

LI TAVRENIERS.

Certes ains irai droite voie ;
De le vile ait chascuns sen ban :
Connart, tu crieras le ban,
S'iers au roi et as eskievins :
Et Raouls criera les vins ;
Si prendera au mains son vivre.
Pour chour, se Raoulès s'enivre,
Ne voel pas c'on vers lui mesprende :
Va, Raoulet, si li amende ;
Ne voeil pas qu'il i ait discorde.

RAOULÈS.

Tenés, Connart, par non d'acorde,
L'uns se doit en l'autre fier.

CONNARS.

Pais en est, va-t'en vin crier.

RAOULÈS.

Le vin aforé de nouvel,
A plain lot et à plain tonnel,
Sage, bevant, et plain et gros,
Rampant comme escuireus en bos,
Sans nul mors de pourri ne d'aigre.
Seur lie court et sec et maigre,
Cler con larme de pecheour,
Croupant seur langue à lechéour :
Autre gent n'en doivent gouster.

PINCEDÉS.

Adont en doi-je bien gouster,
Puis qu'il est tailliés à no moy ;
Mains lechiere en bevera de moy,
Car je l'ai tous jours à coustume.

RAOULÈS.

Vois con il mengue s'escume,
Et saut et estinchele et frit :
Tien le seur le langue un petit ;
Si sentiras jà outre vin.

PINCEDÉS.

Hé diex ! c'est chi blés de Henin
Comme il conroie bien un homme !

CLIKÈS.

Or cha, Pinchedé, wille comme?
Aussi estoie-je tous seus.

PINCEDÉS.

Certes, Cliquet, entre nous deus,
Avons mainte fois but ensanle.

CLIKÈS.

Pinchedé, du vin que te sanle?
670 G'i ai jà descarquiet me ware.

PINCEDÉS.

Tant qu'il soit deseure le bare,
Ne quier jamais passer le voie.

CLIKET.

Bevons un denier, toute voie;
Saque nous demi lot, Caignet.

CAIGNÈS.

Sire, car contes à Cliquet,
Ains qu'il commenc nouvel escot.

LI TAVRENIERS.

Cliquet, tu devoies un lot,
Et puis un denier de ton gieu,
Et trois partis pour le courlieu;
680 Che sont cinc deniers, poi s'en faut.

CLIKÈS.

Cinc denier soient, ne m'en chaut;

DE S. NICHOLAI.

Ainc ostes ne me trouva dur.
LI TAVRENIERS.
Caignet, or le sache tout pur
Pour Pinchedé, qui venus est.
CAIGNÈS.
Par foi! chi a povre conquest;
Car nous n'i gaaignerons waires.
CLIKÈS.
Caignet, honnis soit or vos traires,
Et qui si faussement le sache;
Qui quiert si souvent à saint Jake
Hons qui le gent escorche et poile?
PINCEDÉS.
Aportés nous de le candoille,
Se tant de bien faire savés.
CAIGNÈS.
Or tost en le paume l'avés,
Tenés, or i a deus deniers;
Au conter n'ies-tu point laniers,
N'au mesconter, s'on te veut croire?
PINCEDÉS.
Verse, Cliquet, si me fai boire;
Pour poi li levre ne me fent.
CLIKÈS.
Bé! boi assés; qui te deffent?

700 Boi, de par Dieu, bon preu te fache!
PINCEDÉS.
Diex! quel vin! plus est frois que glache :
Boi, Cliquet, chi a bon couvent.
Li ostes ne set que il vent;
A seize fust-il hors anchois.
CLIKÈS.
Santissiés pour le marc dou cois,
Et pour sen geugon qui la seme.
PINCEDÉS.
Voire, et qui maint bignon li teme,
Quant il trait le bai sans le marc.
CAIGNÈS.
Cliquet, foi que tu dois saint Marc!
710 Taisiés vous ent, n'en parlés mais,
Mais bevons en bien et en pais;
Nous avons encor vin el pot
De no premerain demi lot;
S'avons de le caillé ardant.
RASOIRS.
Et Diex vous saut, segneur serjant!
Or ai canques j'ai demandé,
Quant j'ai Cliquet et Pinchedé;
Mout les desirroie à véoir.

CLIKÈS.

Or cha! Rasoir, venés séoir;
S'arés de no commenchement.

RASOIRS.

Certes, segneur, hardiement
Me meterai en vostre otroi.
Nous sommes compaignon tout trois.

PINCEDÉS.

Donnés li boire viaus, Cliquet.

CLIKÈS.

Vois comme il fait le velouset,
Boi, Rasoir, bien t'est avenu;
Encor n'avons nous plus venu,
Au premier caup nous as r'atains.

RASOIRS.

Ha! certes, segneur, c'est del mains;
S'il en fussent venu dix lot,
N'eskievasse-jou vostre escot.
Sommes nous ore à racointier?
Caignet, or sache un lot entier;
Se Dieu plaist, bien sera rendu.

CLIKÈS.

Rasoirs a son asne vendu,
Qui si fierement rueve traire.

RASOIRS.

Par foi je ne saroie el faire,
Bevons assés, bien sera saus,
Se nous deviens chaiens vingt saus.
740 Ne sui-je gaires esmaiés
Que l'ostes n'en soit bien paiés
Ains demain jour, s'il s'i embat.

PINCEDÉS.

Par foi chis a songiet escat,
Qui si parole fierement.

RASOIRS.

Tproupt, tproupt, bevons hardiement,
Ne faisons si le cocemplut.

CLIKÈS.

Rasoirs, nous avommes tant but
Que no drapel en demouront.

RASOIRS.

Tenés, Cliquet, cinq denier sont;
750 Trois de chest vin, et devant deus.

PINCEDÉS, à Caignès.

Est-il tout purs? si t'aït Diex!

CAIGNÈS.

Oïl, foi que je doi saint Jake!

CLIKÈS.

Purs est, en nevoire me vaque;

Tien, boi, saches mon que tu vens.
Tenés, Rasoir, par uns couvens
Que ne tenistes tel auwen.

RASOIRS.

Cliquet, verse vin à lagan;
S'assaierons de che nouvel;
Il en a encore ou tonnel
760　　Et nous finerons bien chaiens.

PINCHEDÉS.

Rasoir, as-tu mengié herens?
Tu en as bien te part béue.

RASOIRS.

Ains a trouvé capekéue,
Pinchedé, el sai par mes iex.

PINCEDÉ.

Tproupt, tproupt, où que soit passé, Diex!
Verse con se che fust cervoise.
Rasoirs, nous comprons vo ricoise
Qui ne nous est mie commune;
Vous fustes annit à la brune :
770　　S'estes ore seur vos gaveles.

RASOIRS.

Non sui voir, ains sai tès nouveles
Dont grans biens nous porra venir.

PINCEDÉS.

Dout porriés-vous bons devenir,
S'on i pooit mettre les mains?
CLIKÈS.

Or bevons plus, si parlons mains,
Car recouvrées sont nos pertes;
Les granges Dieu sont aouvertes.
Ne puet muer ne soions rique;
Car au tresor le roi d'Aufrique
A coupe, n'a hanap, n'a nef,
N'a mais ne serrure ne clef,
Ne serjant qui le gart nule eure;
Ains gist uns Mahommés deseure,
Ne sai ou de fust ou de pierre;
Jà par lui n'en ora espiere
Li rois, s'on li taut tout ou emble.
Ancui irons tout trois ensamble,
Quant nous sarons qu'il en ert eure.
PINCEDÉS.

Est che voirs? que Diex te sekeure!
RASOIRS.

Est voirs, oïl, par saint Jehan!
Car j'en oï crier le ban,
Qu'il n'iert jamais hom qui le gart;
Mais qui en puist avoir, s'en ait.

DE S. NICHOLAI.

PINCEDÉS.

Ostes, ostes, nous savons el,
En autre lievre gist li bus;
Nous avommes cinc deniers bus,
Faisons les tout avant adés.

CLIKÈS.

Qui en a nul?

PINCEDÉS.

Jou uns quarrés
830 D'une vergue drois et quemuns.

CAIGNÈS.

Jà des vocs n'en venra uns,
Ne vous en poist mie, Cliquet?

CLIKÈS.

Non, fait-il: cha venés, Caignet.
Caignet, sés-tu que tu feras?
Tiens, chès dés se nous presteras;
S'en pren bien au jeu te droiture:
Il puet caïr tele aventure
Que miex t'en sera, par mon chief!

CAIGNÈS.

Cliquet, j'en venrai bien à chief.

PINCEDÉS.

840 Dites, Cliquet, et vous, Rasoir,
Volés vous che vin asséoir?

Ou nous jouerons qui les pait.
RASOIRS.
Mais qui en puist avoir, s'en ait;
Qui le mains a, si les pait tous.
CLIKÈS.
Caignet, se Diex te doinst le tous;
Car nous prestés ore vos dés.
CAIGNÈS.
Tenez, Rasoir, si m'esgardés,
J'es fis taillier par eschievins.
RASOIRS.
A cest caup soit fais tous li vins

350 Qui metriens nous jus ç'à demain!
PINCEDÉS.
Dont giet chascuns devant le main.
RASOIRS.
Jou l'otroi.
CLIKÈS.
Et jou l'otroi bien.
PINCEDÉS.
Va de par Dieu, sans mal engien.
Segneur, par foi, g'i voi tous quinnes.
CLIKÈS.
Or me doinst Diex toutes les sines,
Aussi que on les porte vendre.

RASOIRS.

Ceste caanche est assés mendre,
Pinchedé, que tu gieté as ;
A paines i a-il nis as,
860 Bien le doit comprer tes pourpoins,
Pour cinq deniers giete cinc poins,
C'est rieule, atant pués-tu conter.

PINCEDÉS.

Dehait qui te fera geter.

RASOIRS.

Droit avés-vous, li ferés honte.

CLIKÈS.

Or metés dont cest seur vo conte;
Ensi s'acordent bonne gent.

PINCEDÉS.

Veus-tu jouer à sec argent?

RASOIRS.

Oïl voir.

PINCEDÉS.

Aussi voeil-je certes;
Ja i ara bourses ouvertes:
870 Chascuns meche trois lés cel bort,
Et qui giet miex, si les emport.
Je n'i sai riens autre barat,
Et qui deniers n'a, s'en acat.

CLIKÈS.

A quel jeu?

PINCEDÉS.

A quel que tu veus.

CLIKÈS.

A plus poins?

PINCEDÉS.

Soit, si m'aït Diex!

CLIKÈS.

Jou giet; Diex le meche en mon preu!

CAIGNÈS.

Atendés, vous i véés peu;
Je voeil que chis caupons i soit,
Bien nous fai et bien pren ton droit;
Ne savons autrement tenchier.

RASOIRS.

Diex! douze poins au commenchier.

CLIKÈS.

Quaernes et deus; tu en as dis.

RASOIRS.

Teus tient les dés qui giete pis;
Je le te donroie pour neuf.

CLIKÈS.

Dehait qui t'en donroit un oef,
Ne qui de dix perdre le crient!

CAIGNÈS.

Alumera-on vous pour nient?
Chis est miens, comment qu'il en kieche;
Mais on ne m'i hucast à pieche.
Dehès ait atrais de tel gent!

CLIKÈS.

Caignès, metés jus no argent,
Tant que nous l'otrions nous troi.

CAIGNÈS.

Cliquet, che n'est mie d'otroi,
Ains gastés chi grosse candeille;
Et toute no maisnie veille,
Pour vo gieu, aval no maison.

CLIKÈS.

Jou giet, seigneur, il dist raison;
Rasoir, chi n'atendés vous point.

RASOIRS.

Non, car tu l'as passé d'un point.

CLIKÈS.

Or n'a à geter que je seus;
Mais j'en ferai bien onze en deus
Et li autres soit deboutés.

PINCEDÉS.

A! c'est pour nient que vous getés,
Car che fu en Wanquetinois.

CLIKÈS.

Toutes eures preng-je ches nois,
Car j'ai quaernes et uns sis.

PINCEDÉS.

Met jus l'argent, ains qu'il soit pis,
Avant que tu m'escaufes waires.

CLIKÈS.

Et c'as-tu qui si m'ies contraires?
En ai-je trois poins plus de ti.

PINCEDÉS.

Met jus les deniers, je t'en pri,
Ains que li casée m'esmoeve.

CLIKÈS.

Mau dehé ait qui che me roeve!
Puis c'on voit que seur les dés vient.

PINCEDÉS.

En ne dis jou che fu pour nient;
Veus-le tu avoir par effort?

CLIKÈS.

Dyables! que chis me tient fort!
Pour poi qu'il n'esrache me cape.

PINCEDÉS.

Tien de loier ceste soupape;
Je comment, car mix de ti vail.

CLIKÈS.

Et pour itant le te rebail;
Or puès véoir que je te dout.

CAIGNÈS.

Sire, sire, vous perdés tout;
Acourés tost, nos wage empirent :
Car cist ribaut tout se descirent,
Et si n'ont drap qui gaires vaille.

LI TAVRENIERS.

Qu'est-che, Cliquet? Est-che bataille?
Laisse le tost, et tu lais lui;
Si vous alés séoir andui,
Bien ara chascuns se raison.
Rasoir, contés nous l'occoison;
Vous savés bien li quels a tort.

CAIGNÈS.

Sire, bon est c'on les acort,
Car li noise ne me conteke;
Demandes Cliquet li quels peke,
Que jà n'i ait de mot menti.

CLIKÈS.

Caignet, il le met bien en ti.

PINCEDÉS.

Et jou jà issir ne m'en quier.

CAIGNÈS.

Or metés dont seur l'eschekier
940 Les deniers; qu'il i soient tuit.
CLIKÈS.
Certes ves les chi trestout uït :
Or jugiés, si comme à ami.
CAIGNÈS.
Segneur, vous l'avés mis seur mi ;
Sachiés je n'i vœil perdre rien.
Toutes eures sont cist doi mien,
Et les sis partés entre vous ;
Car se li uns les avoit tous
Che seroit jà uns mautalens.
Et tu, Cliquet, verse vin ens,
950 Si donne à boire, Pinchedé ;
Jel' voeil que soiés acordé,
Puis qu'il est en men jugement.
CLIKÈS.
Pinchedé, je le vous ament ;
Par acorde le vin vous doins.
PINCEDÉS.
Cliquet, et je le vous pardoins ;
Bien sai que vins le vous fist faire.
CAIGNÈS.
Segneur, or parlés d'autre afaire,

DE S. NICHOLAI.

Si que châiens chascuns s'aquit.
Il est mout passé de le nuit;
S'est bien tans d'aler à la brune,
Car esconsée est jà li lune,
Et chi ne gaaignons nous rien.

CLIKÈS.

Ostes, car le nous faites bien;
Un poi de deniers vous devons,
Mais ailleurs le gaaing savons,
Où mout sera grans li conquès;
Car nous prenderons tous à fès
Là où nous savons le tresor.
De grant plates d'argent et d'or
Aura chascuns son col carchiet.
Faire voeil à vous uns marchiet
Si bon, que ainc ne fistes tel,
Car cha dedens, en vostre ostel,
Soustoiterés nostre gaaing,
Si que vous en serés compaing,
Partirés et jeterés los
Et chi sus querrés nos escos ;
Del' paier n'est nule péurs.

LI TAVRENIERS.

Puis-jou estre dont asséurs
De chou que Rasoirs chi me conte?

CLIKÈS.

Sire, se Diex me gart de honte,
De meskeanche et de prison ;
C'on ne nous prengne à occoison,
Que nous ne soions tout pendu,
Si très bien vous sera rendu,
Que d'or fin arés plain un bac;
Mais faites nous prester un sac
Où ens nous meterons l'avoir.

LI TAVRENIERS.

Caignet, fai leur un sac avoir;
Car, se Diex plaist, bien sera saus.

CAIGNÈS.

Tien, Cliquet, chis tient deus mencaus.
Alès, que Diex vous raimaint tous.

PINCEDÉS.

Ostes, à Dieu, priés pour nous,
Que no cose anuit bien nous viegne.

LI TAVRENIERS.

A foi! segneur Dieu en souviegne!

RASOIRS.

Pinchedé, tu sés moult de l'art;
Va tost coiement cele part,
Pour espier se li Roys dort.

PINCEDÉS.

Or tost, fil à putain larron,
Car li Roys dort et si baron
Si ferm, que s'il fussent tout mort.

RASOIRS.

Cliquet, peu prisa son castel
Qui à cest cornu menestrel
Commanda si bele ricoise.

CLIKÈS.

Rasoir, che bon escrin pesant
Prendès, car che sont tout besant.

RASOIRS.

A ! vif diable, que il poise !
Pinchedé, met che sac plus près ;
Chis escrins poise comme uns grès :
Pour un petit qu'il ne me crieve.

PINCEDÉS.

Rue chaiens tout à uns fais,
N'ai talent que l'escrin i lais ;
J'aim miex assés que je m'en grieve.
Chi voeil-jou esprouver me forche,
Ne voeil c'autres de moi l'en porche ;
Encarkiés le moi, si vous siet.

RASOIRS.

Pren, nous t'aiderons toute voie.

CLIKÈS.

Or nous metons dont à le voie
Entreus que si bien nous en chiet.

RASOIRS.

1020 Ostes, ostes, ouvrés nous l'uis;
Vos sas ne revient mie wis:
Ne vous volons pas dechevoir.

LI OSTES.

A foi! bien vegniés vous, segneur!
Or tost, Caignet, aïe leur;
Tès hom fait bien à rechevoir.

PINCEDÉS.

Segneur, jou ai éu grant fais;
Che ne seroit mie fourfais,
Se je buvoie à ceste laisse.

CLIKÈS.

Dehait qui cest envial laisse!
1030 Car bons vins tous mes maus aliege.

LI OSTES.

Segneur, et biau fu et bon siege
Arés-vous; onques n'en doutés,
Et vin qui n'est mie boutés,
Ains crut en costiere de roche.

RASOIRS.

Caignet, abaisse un poi le broche,

Si nous laisse taster au tourble.
CLIKÈS.
Biaus ostes, et candaile double
Nous faites aporter avoec.
LI TAVRENIERS.
Il n'en venra mie senoec,
1040   Si con je pens et adevin.
CAIGNÈS.
Segneur, veschi candaile et vin
Mieudres que il ne fu deseure.
RASOIRS.
A foi! benéoite soit l'eure
Que si fait vins fu entonnés.
CLIKÈS.
Pinchedé, or nous en donnés,
Car bien seront no gage quite.
Hé! Diex, con chis vins nous pourfite!
Or primes sommes assenés;
Dehait n'en bevera assés,
1050   Nous avons hanap de biau tour.
PINCEDÉS.
Laissiés courre che vin entour;
Je li païerai ja un dap.
CLIKÈS.
Hé! boi; si laisse le hanap:

Ne troeves qui le te deffenge.
PINCEDÉS.
Hé! Diex, chi a bonne vendenge,
Mais je n'en puis men soif restaindre.
CLIKÈS.
Rouvés me vous mes dés ataindre?
RASOIRS.
Oïl, illuec tiengnent lor lieu.
PINCEDÉS.
Voir sa dit, jouerons bon gieu.
CLIKÈS.
1060 Pinchedé, il est bien où prendre.
RASOIRS.
Ba! pour jouer et pour despendre
Acréonsmes-nous seur le hart.
PINCEDÉS.
Rasoir, jouerons à hasart,
J'ai plain poing de mailles de musse.
RASOIRS.
Oïl, voir onques ne m'en husse;
Meche chascuns à bonne estrine.
CLIKÈS.
Dont soit à hasart, en le mine,
Je prenc; prengne chascuns le sieue.

DE S. NICHOLAI.

PINCEDÉS.
Ceste est bien au moy de le tieue.
RASOIRS.
Et ceste se g'i seuc lignier.
LI TAVRENIERS.
Segneur, or doi-jou apongnier;
Mais moult bien nous en convenra.
CLIKÈS.
Ostes, quant au partir venra,
Bien i sera vos drois gardés.
PINCEDÉS.
Rasoir, commenche pour les dés,
Ne jà nus l'eschekier ne moeve.
RASOIRS.
Dehait qui remuer le roeve,
Car il siet le plus droit del mont.
CLIKÈS.
Ains geteroie contremont,
Car il siet plus haut devers ti.
PINCEDÉS.
Certes, Cliquet, tu as menti;
Un marc d'or i ait au grant pois.
RASOIRS.
Met enmi l'eschekier un pois,
Il acourra cha à droiture.

CLIKÈS.
Giete tost, soit en aventure!
PINCEDÉS.
Il s'en vont garder qu'il i a.
CLIKÈS.
Par foi, sept poins.
PINCEDÉS.
Qu'i a, k'i a?
Chil deriere deviennent du mains.
CLIKÈS.
Rasoir ains t'esue li mains;
Frote le un petit à le pourre.
Si me fai ensi les dés courre;
Sissnes, cinq, j'en ai dix et set.
Honnis soit-je! se je regiet.
PINCEDÉS.
Metons, Rasoir, il a les dés.
RASOIRS.
Pour Dieu, Cliquet, or i wardés,
Car il set les dés asséir.
CAIGNÈS.
A che jeu doit-on cler véir;
Che n'est mie as amaus de voirre.
Cliquet, met chi ceste candaile,
Si aras plus clere véue.

DE S. NICHOLAI.

CLIKÈS.
Caignet, a caanche kéue,
Aras un denier de chascun.

CAIGNÈS.
Mais vous me donnés de quemun
Trois de ches deniers, qui sont rouge.

PINCEDÉS.
Avés oï de chel augouche,
Fineroit-il ore jamais?

LI OSTES.
Caignet, lais les jouer en pais;
Plus atenc-jou en eus de bien.

RASOIRS.
Ostes, vous n'i perderés rien,
1110 Car je serai chi en vo lieu.

LI TAVRENIERS.
Soiés en pais.

PINCEDÉS.
    Segneur, jou gieu;
J'ai les dés, je giet pour tous cheus.

CLIKÈS.
Giete, diex te doinst sept en deus!

PINCEDÉS.
A defoit mais hasart ou seize;
Hasart, diex!

LI JUS

RASOIRS.

Ains avommes treize :
Or te donriemmes nous hasart.

PINCEDÉS.

A deffoy, segneur, Diex m'en gart!
Escapar de par saint Guillaume!

CLIKÈS.

C'est pour nient tout enmi le paume,
Les hocherés, comment qu'il tourt.

PINCEDÉS.

Cliquet, or me tiens-tu trop court;
Lais me viaus geter se tu dois.

CLIKÈS.

Giete, en hochant devant les dois,
Un hasart par me meskeanche.

PINCEDÉS.

Ains ai huit poins en me keanche;
C'est miex de hasart toute voie.

CLIKÈS.

Certes tu te couvris d'un troie,
Es autre deus eut as et quatre.

PINCEDÉS.

Or laissiés treize a huit combattre,
Tost ira là où aler doit.

DE S. NICHOLAI.

CLIKÈS.

Voire honnis soient chil doit
Qui si souvent sont remué !

PINCEDÉS.

Diex! un plus, s'arai bien joué;
Sept n'éussé-je mie pris.

CLIKÈS.

Or seroient treize de pris,
S'il voloient venir à nous.

PINCEDÉS.

A! sains Lienars chu desous,
Si seroit li affaires plains.

CLIKÈS.

Sains Nicolais! un tout seul mains;
Vés chi huit, che sont mi ami.
Puis-je tous ches sakier à mi?
Chi a assés bele couvée.

RASOIRS.

Pinchedé, je prenc me levée,
Que vous orains me promesistes,
Et moult bien en couvent mesistes
Que che seroit au premier gieu.

PINCEDÉS.

Hé! c'as-tu dit, anemi Dieu?
Ceste levée vaut cent livres;

Cuidas-tu donc que je fusse ivres,
1150 Quant le levée te promis?
Che fu au jeu de pairesis
Quant nous jouerons au vin croistre.

RASOIRS.

Pinchedé, or du bien escroistre,
Je ne t'en donroie deus oés.

PINCEDÉS.

Rasoir en est chou à vos oés?

CLIKÈS.

Oïl voir, che cuidiemes-nous.

PINCEDÉS.

Male lééche en aiés-vous
D'ensi nos deniers esciekier !

RASOIRS.

De canque il a seur l'eschekier,
1160 Seras-tu jà moult tost seneuc.

PINCEDÉS.

Dont m'en porteras-tu avoec,
Par foi que jà n'en aras mains.

RASOIRS.

Lais-les.

PINCEDÉS.

Mais tu, ostes tes mains,
Que je ne te crieve les iex.

DE S. NICHOLAI.

CAIGNÈS.

Sire, cist resont par cavex;
Oés comme il fierent grans caus.

LI TAVRENIERS.

Que c'est, Pinchedé, ies-tu faus?
Lai le tost, et tu lui, Rasoir;
Si vous alès andoi séoir.
Bien sai dont li affaires vient;
Metre seur mi vous en couvient:
Ne voeil pas vers vous entreprendre.

PINCEDÉS.

Jou l'otroi, sans les besans prendre.

RASOIRS.

Et jou, mais moult le fac pesans.

LI TAVRENIERS.

Cliquet, pren trestous ches besans,
Si les regetes en che coffre.

CLIKÈS.

Jà n'en arés mains que vo offre;
Vés les chi tous, je n'i voi el.

LI TAVRENIERS.

Par foi! or sommes-nous yevel;
Comme devant resoit communs:
Or en prengne se part chascuns;
Que doit que vous tant atendés?

RASOIRS.

Ostes, un petit entendés :
Nous sommes auques travilliet,
S'avommes toute nuit veilliet;
Bien partirommes, comme ami,
Mais nous arons anchois dormi.

LI SENESCAUS.

Ahi! Apolin et Mahom!
Che m'iert ore en avision,
Del grant tresor le Roy méismes,
Que ne pooit estre rescous,
Ains fondoit le terre desous,
Si s'en aloit droit en abisme.
N'iere liés si l'arai véu.

(Au roi.)

A! roys, com il t'est meskéu!
Mout est faus qui ne te conseille.
Liéve sus, roys desconfortés,
Car tes tresors est emportés.

LI ROIS.

Qu'est-chou, par Mahom! qui m'esveille?
Senescal, qu'est-che que tu dis?

LI SENESCAUS.

Roys, tu ies povres et mendis;
Mais le dois nullieu requerre,

Quant le grigneur avoir qui fust
Commandas un home de fust :
Vés le là où il gist à terre.
LI ROIS.
Senescal, as me tu dit voir
Que j'aie perdu mon avoir?
Che m'a fait li vilains kenus,
Qui l'autrier me vint sarmonner;
1210 Fai le devant moi amener,
Car ses juisses est venus.
LI SENESCAUS.
O tu, Durant, li charteriers,
Vit encore tes charteriers?
Li rois a talent qu'i le voie.
DURANS.
Oïl : cha, vilains, a vo honte,
Je vous ferai ancui, sans conte,
Passer trois pas de male voie.
Rois, vés le chi; jà Dieu ne plache
C'autres de moi justiche en fache !
1220 Je le te pri en guerredon.
LI ROIS.
Vilains, chi a malvais restor
De toi contre mon grant tresor.
Mout m'as chier vendu ton sermon,

Tes Diex ne te puet mais tenser.
Durant, or dés bien pourpenser
Cruel mort à sen cor destruire.

DURANS.

Sire, liés sui c'on le me livre ;
Je le ferai en morant vivre
Deus jours, anchois que il parmuire.

LI PREUDOM.

1230 A! rois, c'or nel' tien en despit,
Car me donnes hui mais respit,
C'on ne m'ochie, ne travaut.
Encore est Diex là où il seut,
Qui bien me secourra, s'il veut :
Un jour de respit cent mars vaut ;
Mainte guerre en est mise à pais.

LI ROIS.

Que caut? Durant, laisse-le hui mais,
Et le matin le me ramaine.

DURANS.

Arrière, vilain, au lien.
1240 Si fussent ore chrestien
Entré en peneuse semaine.

LI PREUDOM.

Sains Nicolais, bons éurés,
A cest besoing me secourés,

DE S. NICHOLAI.

Car venus sui à le personne,
Se le forche ont mi anemi.
Au besoing voit-on son ami :
Sire, dont secourez vostre home,
Seur cui chis rois paiens s'avive ;
Ne veut souffrir que je plus vive.
1250 A le matin est mis mes termes,
Se li tresors n'est raportés ;
Sire, che dolant confortés
Qui s'ochist en plours et en larmes.

DURANS.

Par Dieu ! vilains, or i parra
Ancui, quant il vous convenra
Aprendre un mestier si peneus.
Peu pris vo Dieu et vo apel ;
Je vous ferai jà un capel
D'une corde plaine de neus.

LI PREUDOM.

1260 Sains Nicolais, le tien secours ;
Car chis termines est moult cours
Que chis anemis me promet.
Sains Nicolais, car me regarde,
Je me suis mis en vostre garde,
Où nule chose ne maumet.

DE S. NICHOLAI.

S. NICHOLAIS.

Fil à putain, tout estes mort:
Or l'eure sont les fourques faites,
Car les vies avés fourfaites,
1290 Se vous mon conseil ne créés.

PINCEDÉS.

Preudom, qui nous as effréés,
Qui ies, qui tel paour nous fais?

S. NICHOLAIS.

Vassal, je sui sains Nicolais,
Qui les desconseilliés ravoie;
Remetés-vous tout à le voie;
Reportés le tresor le roy.
Mout par féistes grant desroi,
Quant l'osastes onques penser.
Bien déust le tresor tenser
1300 L'image, qui estoit sus mise:
Gardés tost qu'ele i soit remise,
Que remis i soit li tresors,
Si chier que vous avés vos cors,
Et metés l'ymage deseure.
Je m'en vois, sans nule demeure.

PINCEDÉS.

Per signum sancte cruchefis!
Cliquet, que vous est-il avis?

LI JUS

Et vous, qu'en dites-vous, Rasoir?

RASOIRS.

Pour moi sanle que dist voir
Li preudom; moult m'en est à ente.

CLIKÈS.

Et vis m'est grant dolour en sente;
Ainc mais homme tant ne cremi.

LI OSTES.

Segneur, je n'en trai nient à mi,
Se vous avés fait desraison.
Mais widiés me tost me maison,
Car n'ai cure de tel gaaing.

PINCEDÉS.

Ostes, jà fustes nous compaing,
Puis que che vient au dire voir;
Et du pechié et del avoir
Devés avoir droite parchon.

LI TAVRENIERS.

Or hors, fil à putain glouton,
Volés-me vous blasme acueillir?
Caingnet, va t'en escot cueillir,
Puis les met hors de mon ostel.

CAIGNÈS.

Or cha, Cliquet, il n'i a el;
Delivrés-vous de ceste cape.

DE S. NICHOLAI.

Jà n'iert sans noise, ne sans frape,
Hom que si faite gent rechet.
CLIKÈS.
Quans deniers doi-jou?
CAIGNÈS.
      Dix et set;
1330 Cinc du vin, et douze du prest,
Où Pinchedés et Rasoirs est;
Or laisse te cape pour tout.
CLIKÈS.
Caignet, tu te fais moult estout.
CAIGNÈS.
Pour coi? en ai-je bien conté?
Encor te fai-je grant bonté
Se je daigne te cape atraire.
CLIKÈS.
De gage prendre et de mestraire,
N'a ten pareil jusques au dan.
CAIGNÈS.
Or poés aler au lagan.
PINCEDÉS.
1340 Segneur, or est pis que devant :
Anemis nous va enchantant,
Qui nous cuide faire honnir.
Avoirs puet aler et venir

Mais son non escille et deffait.
Nous ne serons jamais refait;
Honnis soit ore tes marchiés!
RASOIRS.
Tenés, Pinchedé, rencarchiés;
Tu l'aportas, remporte l'ent.
CLIKÈS.
Ancui verras l'oste dolent,
Il a pis conté qu'il ne cuide,
Car ses sas a fait une wide.
PINCEDÉS.
Segneur, or créés m'estoutie;
Prengne chascuns une pugnie
De ches besans; jà n'i parroit.
CLIKÈS.
Tais-te, faus, il nous mesquerroit;
S'en porriemes estre repris.
RASOIRS.
Met le chi, car chi fu-il pris;
Si remet l'ymage deseure.
PINCEDÉS.
Or jus, maloite soit li eure
Que je vous encarqui anuit!
CLIKÈS.
Pinchedé, or ne vous anuit,

Mais son non escille et deffait.
Nous ne serons jamais refait;
Honnis soit ore tes marchiés!
RASOIRS.
Tenés, Pinchedé, rencarchiés;
Tu l'aportas, remporte l'ent.
CLIKÈS.
Ancui verras l'oste dolent,
1350 Il a pis conté qu'il ne cuide,
Car ses sas a fait une wide.
PINCEDÉS.
Segneur, or créés m'estoutie;
Prengne chascuns une pugnie
De ches besans; jà n'i parroit.
CLIKÈS.
Tais-te, faus, il nous mesquerroit;
S'en porriemes estre repris.
RASOIRS.
Met le chi, car chi fu-il pris;
Si remet l'ymage deseure.
PINCEDÉS.
Or jus, maloite soit li eure
1360 Que je vous encarqui anuit!
CLIKÈS.
Pinchedé, or ne vous anuit,

DE S. NICHOLAI.

Mais créés si fol con je sui,
Que chascuns voit huimais par lui
Li quels que soit iert euereus.

PINCEDÉS.

Soit! certes.

RASOIRS.

Soit, si m'aït Dieus!
Car jamais biens ne vous querroit.
J'ai espiié une paroit
Que j'arai ja mout tost crosée,
Pour le ware d'une espousée
Qu'est en une huche de caisne.

CLIKÈS.

Segneur, et je m'en vois à Fraisne
Un petit de la gaverele;
Se je puis faire une querele,
Li maires i ara damage.

PINCEDÉS.

Rasoir, li mairesse est moult sage;
Si te connistra au passer,
Ne me voeil pas si lonc lasser.
Chi près jusqu'à une ruée,
Ai espiet une buée
Que j'aiderai à rechinchier.

RASOIRS.

Pinchedé, or du bien pinchier.

PINCEDÉS.

Diex nous raimaint à plus d'avoir!

RASOIRS.

Adieu, Cliquet.

CLIKÈS.

Adieu, Rasoir.

LI ROIS.

A! Mahom a bien advertis
Che qu'en dormant m'iert ore avis,
Et Tervagan a bien l'espele.
Tout faisoie ore à moi venir
Mes haus barons, pour court tenir,
S'avoie couronne nouvele.
1390   Senescal, dors-tu, ou tu veilles?

LI SENESCAUS.

Sire, anchois songoie merveilles;
A bien me soit-il despondu!
Mout iere en dormant confortés,
Car li tresors iert raportés,
Et li laron ierent pendu.

LI ROIS.

Ha! senescal, garder i viaus.

DE S. NICHOLAI.

LI SENESCAUS.

Sire, mes songes est espiaus,
Car li tresors est revenus
Plus grans que il ne fust emblés :
Che m'est avis qu'il est doublés,
Et li sains Nicolais gist sus.

LI ROIS.

Senescal, gabes me tu donques?

LI SENESCAUS.

Rois, si grans tresors ne fu onques,
Il a passé l'Octevien,
Tant n'en ot Cesar ni Eracles.

LI ROIS.

Ostes, comme est grans chis miracles!
Alés tost pour le crestien.

LI SENESCAUS.

Durant, met le preudome hors.

(Au Chrestien.)

Il n'a mais garde de ton cors.

(A parte.)

Que vaurroit ore li chelers?

DURANS.

Or cha, vilains, mout par fui faus
Qui ne vous pendi par les paus,
Et saquai les dens maisselers.

LI SENESCAUS.

Rois, vés le chi, je le ramain;
En ton plaisir et en ta main
Est, ou del morir, ou del vivre.

LI PREUDOM.

Sains Nicolais, en cui je croi,
Ne de toi servir ne recroi,
Garis hui mon cors et delivre;
1420 Pren hui de ton home conroi;
Atempre l'ire de chel roi
Qui mon cors promet à deffaire,
Tant par est seur moi engramis.

LI ROIS.

Or me di, crestiens amis,
Crois-tu dont qu'il le péust faire?
Crois-tu qu'i me puist desloier?
Crois-tu qu'il me puist renvoier
Mon tresor? en ies-tu si fers?

LI PREUDOM.

A! rois, pour coi ne seroit kieles?
1430 Il consilla les trois pucheles;
Si resuscita les trois clers.
Je croi bien qu'il te puist venquir,
Et faire te loi relinquir,
Dont te dois estre à faus tenus.

En lui sont tout bien semenchié.

LI ROIS.

Preudom, il a bien commenchié,
Car mes tresors est revenus.
Assés sont li miracle apert,
Puis qu'i fait avoir che c'on pert,
1440 Mais je n'en créisse nului.

(Au Senescal.)

Senescaus, que vaurroit mentirs?
En lui est mes cuers si entirs,
Que jamais ne querrai autrui.

LI SENESCAUS.

Certes, rois, parler n'en osoie;
Mais en mon cuer moult vous cosoie
Que piecha ne le m'aviés dit,
Que moult grant volenté en ai.

LI ROIS.

Preudon, va pour saint Nicolai
Son bon ferai sans contredit.

LI PREUDOM.

1450 Diex, aourés en soies-tu,
Que de te grasce as ravestu,
Cest roy qui encontre toi ert!
Sire, faus est qui te mescroit,
Et qui de toi servir recroit,

Car te vertus reluist et pert.
Rois, giete te folie puer,
Si te ren de mains et de cuer
A Dieu, qu'il ait de toi pitié,
Et au baron saint Nicolai.

DURANS.

1460 Crestiens, crestiens, duel ai
De chou que tant ai respité.

LI ROIS.

Sains Nicolais, je me rent chi
En te garde et en te merchi,
Sans fausseté et sans engan.
Sire, chi devieng-jou vostre hom;
Si lais Apolin et Mahom,
Et che pautonnier Tervagan.

LI SENESCAUS.

Rois, tout ensi que tu as fait,
M'ame et mon cors trestout-à-fait
1470 Doins saint Nicolai le baron;
Si lais Mahom et Apolin,
Tout leur parage et tout leur lin,
Et Tervagan cel ort larron.

LI AMIRAUS DEL COINE.

Rois, puis que tu convertis ies,

DE S. NICHOLAI.

Nous qui de toi tenons nos fiès,
Aussi nous convertirons-nous.
LI ROIS.
Segneur, metés-vous à genous,
Si con je fai, faites tout troi.
LI AMIRAUS D'ORKENIE.
Jou l'otroi bien.
LI AMIRAUS D'OLIFERNE.
Et jou l'otroi,
1480 Que tout soions bon crestien;
Saint Nicolai obédien,
Car mout sont grandes ses bontés.
LI AMIRAUS D'OUTRE L'ARBRE SEC.
Segneur, onques ne m'i contés,
Car je n'oc goute à cheste oreille;
Maudehait qui che me conseille
Que je deviegne renoiés!
A! rois, car fusses-tu noiés,
Comme falis et recréans,
Que devenus ies mescréans!
1490 Fourfait as, c'on tarde ou escorche;
Toi ne ton savoir, ne te forche,
Ne pris mais vaillant un espi.
Garde de moi, je te deffi,
Et renc ton hommage et ton fief.

LI ROIS.

Or tost, baron, car, par mon chief!
Je voeil que maléoit gré soen,
Fache mon plaisir et mon boen,
Metés le à terre par effors.

LI AMIRAUS D'ORKENIE.

Or cha, segneur, il est moult fors;
1500 Il le nous convenra sousprendre.

LI AMIRAUS D'OUTRE L'ARBRE SEC.

Fi! mauvais, me cuidiés-vous prendre,
Tant que Mahom ches bras me sauve?
Fuiés, mauvais chevalier fauve,
Poi pris ne vous, ne vo engien.

CIL D'OLIFERNE.

Vous en venrés, car je vous tien.

CIL DEL COINE.

Rois, ton traitour, vés le chi.

CIL D'OUTRE L'ARBRE SEC.

A! rois, pour Mahommet merchi,
Ne me fai mes Diex renoier;
Fai me anchois de teste soier,
1510 Ou mon cors à cheval detraire.

LI ROIS.

Par mon chief! il vous convient faire,
Si comme moi, che sachiés bien.

DE S. NICHOLAI.

CIL D'OUTRE L'ARBRE SEC.

Sains Nicolais, c'est maugré mien,
Que je vous aoure et par forche.
De moi n'arés-vous fors l'escorche ;
Par parole devieng vostre hom,
Mais li créanche est en Mahom.

TERVAGANS.

Palas aron ozinomas,
Baske bano tudan donas,
Gehéamel cla orlay
Berec hé pantaras tay.

LI PREUDOM.

Rois, que voloit-il ore dire?

LI ROIS.

Preudom, il muert de duel et d'ire
De che c'à Dieu me suis turkiés;
Mais n'ai mais soing de son prologe.
Senescal, de le synagoge,
Alés, si les me trebuchiés.

LI SENESCAUS.

Tervagan, du ris et du pleur,
Que féistes par vo doleur,
Verrés par tans le prophesie,
Ces escaaillons me mescontés ;
Or jus, mal soiés vous montés,

LI JUS DE S. NICHOLAI.

Ne vous prisons une vessie.
<small>(Au Roi.)</small>
Rois, je l'ai moult mal atisiet.

LI ROIS.

Preudons, or serons baptisiet
Si tost que nous porromes plus;
De Dieu servir me voeil vanter.

LI PREUDOM.

A Dieus dont devons-nous canter,
Huimais, *Te Deum laudamus.*

Chi fine li Jeus de S. Nicolai, que Jehans Bodiaus fist.
Amen.

PIÈCES
JOINTES
AU JEU
DE S. NICOLAS.

MYSTERIA
ET MIRACULA,

AD SCENAM ORDINATA,

IN COENOBIIS,
OLIM,
A MONACHIS REPRÆSENTATA,

Ex codice membranaceo XIII^{mi} saeculi, in Aurelianensi Bibliothecâ servato, desumpta.

I.

PRIMUM MIRACULUM
SANCTI NICHOLAI.

PERSONAE MIRACULI.

SANCTUS NICHOLAUS.
PATER.
PRIMA FILIA.
SECUNDA FILIA.
TERTIA FILIA.
PRIMUS GENER.
SECUNDUS GENER.
TERTIUS GENER.
CHORUS.

PRIMUM MIRACULUM
SANCTI NICHOLAI.

PATER.

In lamentum et mœrorem versa est lætitia
Quam præbebat olim nobis rerum abundantia.
    O rerum inopia!
Heu! heu! perierunt hujus vitæ gaudia.

Forma, genus, morum splendor, juventutis gloria,
Cùm probatur nichil esse, dum desit pecunia.
    O rerum inopia!
Heu! heu! perierunt hujus vitæ gaudia;
Finis opum, dum recedunt, luctus et suspiria.

FILIÆ, *simul.*

Eia! pater ipse lugens, opes lapsas, præda
Tractat secum, ut speramus, dampnorum socia.
    O rerum inopia!
Heu! heu! perierunt hujus vitæ gaudia.
Adeamus, audiamus quæ capiet consilia.

PATER, *conquerens, ad filias.*

Cara michi pignora, filiæ,
Opes patris inopis unicæ,

PRIMUM MIRACULUM

Et solamen meæ miseriæ,
Michi mœsto tandem consulite,
  Me miserum !

Olim dives, et nunc pauperrimus,
Luce fruor et nocte anxius,
Et quam ferre non consuevimus
Paupertatem graviter ferimus;
  Me miserum !

Nec me mea tantùm inopia
Quantùm vestra vexat penuria,
Quarum primus lasciva corpora
Longa modò dampnat jejunia [1];
  Me miserum !

   PRIMA FILIA, *ad patrem.*

Care pater, lugere desine,
Nec nos lugens lugendum promove,
Et quod tibi valeo dicere
Consilium hoc à me recipe,
  Care pater.

Unum nobis restat auxilium
Per dedecus et per opprobrium;
Ut nostrorum species corporum

---

1. Ce passage doit être entendu comme s'il y avait : *Quarum ego modò sum ille primus qui dampnat lasciva corpora ad longa jejunia*

Nobis victum lucretur publicum,
    Care pater.

Et me primam, pater, si jubeas,
Dedecori submittet pietas,
Ut sensiat[1] prima anxietas,
Quam contulit prima nativitas,
    Care pater.

Projecto auro, PATER, *hilariùs ad filias.*

Jam jam mecum gaudete filiæ,
Paupertatis elapso tempore;
Ecce enim in auri pondere
Quod sufficit nostræ miseriæ;
    Me beatum !

    FILIÆ, *stantes, dicant :*

Gratiarum ergo præconia
Offeramus, et laudum munera
Uni Deo, cui in sæcula
Laus et honor, virtus et gloria,
    Care pater.

    GENER, *ad patrem.*

Homo[2] famæ notæ, præconio[3],

---

1. *Sensiat*, subjonctif du verbe *sensire*, employé dans le sens de *saisir*, *appréhender*, dans une charte de l'an 1302, citée par Du Cange. Ce passage doit être ainsi entendu : « Afin que la première douleur vienne « frapper celle que la première naissance a placée dans la famille. »

2. On lit *honor* au manuscrit en cet endroit; mais plus loin, on lit *homo*, dans la strophe chantée par le troisième gendre.

3. Ce passage ne présente pas un sens complet. On croit devoir ainsi le traduire : « Homme d'une réputation connue, suivant le témoignage

Natam tuam quæsitum venio,
Quam legali ducam connubio,
    Si dederis.

        PATER, *ad primam filiam.*

Dic, filia, si tu vis nubere
Huic juveni, venusto corpore
    Et nobili.

        FILIA, *ad patrem.*

In te mea sita sunt consilia;
Fac ut libet de tuâ filiâ,
    Care pater.

        PATER, *ad generum.*

Ergo tuæ committo fidei,
Vos convingant[1] legales laquei
    Et gratia.

    Iterum plangens se PATER *ad filias.*

Cara michi pignora filiæ,
Opes patris inopis unicæ
Et solamen meæ miseriæ,
Michi mœsto tandem consulite,
    Me miserum!

Olim dives et nunc pauperrimus,
Luce fruor et nocte anxius,

« public, je viens te demander ta fille pour m'unir à elle par un mariage
« légitime, si tu veux bien me l'accorder. »

1. On lit *convingant* dans le manuscrit, par altération du mot *convinciant*, ce qui tient à la corruption de la latinité dans le moyen âge.

Et quam ferre non consuevimus,
Paupertatem graviter ferimus,
    Me miserum!

Nec me mea tantùm inopia
Quantùm vestra vexat penuria,
Quarum primus lasciva corpora
Longa modò dampnat jejunia[1];
    Me miserum!

    SECUNDA FILIA, *ad patrem.*

Noli pater, noli carissime,
Doloribus dolores addere,
Nec per dampnum velis inducere
Periculum irreparabile,
    Care pater.

Scimus enim quod fornicantibus
Obstrusus sit cœlestis aditus;
Pater ergo cavere poscimus
Ne nos velis addere talibus,
    Care pater.

Nec te velis et nos infamiæ
Submittere, pater, perpetuæ,
Nec ab istà labi pauperie,
In eternæ lacum miseriæ,
    Care pater.

---

1. Ce morceau et quelques-uns de ceux qui le suivent ne sont pas insérés deux fois dans le manuscrit; l'écrivain s'est contenté d'indiquer les premiers vers, et de renvoyer à ce qui précède.

PRIMUM MIRACULUM

Projecto auro, PATER *ad filias.*

Jam jam mecum gaudete filiæ,
Paupertatis elapso tempore;
Ecce enim in auri pondere
Quod sufficit nostræ miseriæ,
    Me beatum!

FILIÆ, *ad patrem.*

Gratiarum ergo præconia
Offeramus, et laudum munera,
Uni Deo, cui in sæcula
Laus et honor, virtus et gloria,
    Care pater.

SECUNDUS GENER, *ad patrem.*

Homo famæ notæ, præconio,
Natam tuam quæsitum venio,
Quam legali ducam connubio,
    Si dederis.

PATER, *ad secundam filiam.*

Dic, filia, si tu vis nubere
Huic juveni, venusto corpore
    Et nobili.

FILIA, *ad patrem.*

In te mea sita sunt consilia;
Fac ut libet de tuâ filiâ,
    Care pater.

PATER, *ad generum.*

Istam tuæ committo fidei,

Vos convingant legales laquei,
    Et gratia.

Iterùm plangens se ad tertiam filiam.

Carum michi pignus, ô filia!
Non me mea tantùm inopia
Quantùm tua vexat penuria;
Tantùm michi restas, miseriâ;
    Me miserum!

TERTIA FILIA, *ad patrem.*

Meum quoque, pater carissime,
Consilium audire sustine,
Atque finem breviter collige:
Deum time, pater, et dilige,
    Care pater.

Nichil enim Deum timentibus,
Per scripturam, deesse notamus,
Et omnia ministrat omnibus
Omnipotens se diligentibus [1],
    Care pater.

Ne desperes propter inopiam
Nunquam esse secutus fallaciam;
Job respice, pater, penuriam,
Ac deinde secutam copiam,
    Care pater.

1. On lit *diligencius* au manuscrit, par une erreur évidente dont le sens et la rime indiquent suffisamment la rectification.

PRIMUM MIRACULUM

Projecto auro tertiò à Sancto Nicholao, PATER,
prostratus ad pedes ejus, dicat:

Siste gradum, quisquis es, Domine;
Siste præcor, et quis sis exprime,
Qui, dedecus tollens infamiæ,
Onus quoque levas inopiæ.
 Me beatum!

  NICHOLAUS, *ad patrem.*

Nicholaum me vocant[1] nomine.
Lauda Deum ex dato munere.
Hanc ne michi velis ascribere
Largitatis laudem dominicæ,
 Quæso, frater.

  PATER, *adversus ad tertiam filiam.*

Nata, tibi sit vox lætitiæ,
Paupertatis elapso tempore;
Ecce enim in auri pondere
Quod sufficit nostræ miseriæ.
 Me beatum!

  FILIA, *ad patrem.*

Gratiarum ergo præconia
Offeramus, et laudum munera
Uni Deo, cui in sæcula
Laus et honor, virtus et gloria,
 Care pater.

---

1. *Vocat* au manuscrit.

SANCTI NICHOLAI.

TERTIUS GENER, *ad patrem*.

Homo famæ notæ, præconio,
Natam tuam quæsitum venio,
Quam legali ducam connubio,
    Si dederis.

PATER, *ad filiam suam*.

Dic, filia, si tu vis nubere
Huic juveni, venusto corpore
    Et nobili.

FILIA, *ad patrem*.

In te mea sita sunt consilia,
Fac ut libet de tuâ filiâ,
    Care pater.

PATER, *ad generum*.

Istam tuæ committo fidei,
Vos convingant legales laquei,
    Et gratia.

CHORUS *omnis dicat :*

O Christi pietas...[1].

EXPLICIT.

---

1. Ces mots paraissent être les premiers d'une antienne ou d'un hymne qui devait se chanter après la représentation du miracle.

II.

SECUNDUM MIRACULUM
SANCTI NICHOLAI.

PERSONÆ MIRACULI.

SANCTUS NICHOLAUS.
PRIMUS CLERICUS.
SECUNDUS CLERICUS.
TERTIUS CLERICUS.
SENEX.
VETULA, *uxor Senis.*
CHORUS.

SECUNDUM MIRACULUM
SANCTI NICHOLAI.

PRIMUS CLERICUS.
Nos quos causa discendi litteras
Apud gentes transmisit exteras,
Dum sol adhuc extendit radium
Perquiramus nobis hospitium.

SECUNDUS CLERICUS.
Jam sol equos tenet in littore,
Quos ad præsens merget sub æquore,
Nec est nota nobis hæc patria;
Ergo quæri debent hospitia.

TERTIUS CLERICUS.
Senem quemdam maturum moribus
Hîc habemus coram luminibus;
Forsan, nostris compulsus præcibus,
Erit hospes nobis hospitibus.

Insimul CLERICI *ad senem dicant:*
Hospes care, quærendo studia,
Hûc, relictâ venimus patriâ;
Nobis ergo præstes hospitium,
Dum durabit hoc noctis spatium.

SENEX.

Hospitetur vos factor omnium,
Nam non dabo vobis hospitium.
Nam nec mea in hoc utilitas,
Nec est ad hoc nunc opportunitas.

CLERICI, *ad vetulam.*

Per te, cara, sit impetrabile
Quod rogamus, etsi non utile.
Forsan, propter hoc beneficium,
Vobis Deus donabit puerum.

MULIER, *ad senem.*

Nos his dare, conjux, hospitium,
Qui sic vagant quærendo studium,
Sola saltem compellat karitas :
Nec est dampnum, nec est utilitas.

SENEX, *ad uxorem.*

Acquiescam tuo consilio,
Et dignabor istos hospitio.

(*Ad clericos.*)

Accedatis scolares igitur;
Quod rogastis vobis conceditur.

SENEX, *ad uxorem, clericis dormientibus.*

Nonne vides quanta marsupia[1]?
Est in illis argenti copia.
Hæc à nobis absque infamiâ
Possideri posset pecunia.

---

1. Bourse ou gibecière.

SANCTI NICHOLAI.

VETULA.

Paupertatis onus sustulimus,
Mi marite, quandiù viximus;
Hos si morti donare volumus
Paupertatem vitare possumus.

Evagines ergo jam gladium,
Namque potes, morte jacentium
Esse dives quandiù vixeris;
Atque sciet nemo quod feceris.

NICHOLAUS.

Peregrinus fessus itinere,
Ultrà modò non possum tendere;
Hujus ergo per noctis spatium,
Michi præstes, præcor, hospitium.

SENEX, *ad mulierem.*

An dignabor istum hospitio,
Cara conjux, tuo consilio?

VETULA.

Hunc persona[1] commendat nimiùm
Et est dignus ut des hospitium.

SENEX.

Peregrine, accede propiùs;
Vir videris nimis egregius.
Si vis, dabo tibi comedere;
Quidquam voles tentabo quærere.

NICHOLAUS, *ad mensam (sedens).*

Nichil ex his possum comedere;

---

1. On lit *personam* au manuscrit.

Carnem vellem recentem [1] edere.

SENEX.

Dabo tibi carnem quam habeo,
Namque carne recente careo.

NICHOLAUS.

Nunc dixisti plane mendacium;
Carnem habes recentem nimiùm,
Et hanc habes magnâ nequitiâ,
Quam mactari fecit pecunia.

SENEX et MULIER, *simul*.

Miserere nostri, te petimus,
Nam te sanctum Dei cognovimus.
Nostrum scelus abominabile
Non est tamen incondonabile [2].

NICHOLAUS.

Mortuorum afferte corpora,
Et contrita sint vestra pectora.
Hi resurgent per Dei gratiam,
Et vos flendo quæratis veniam.

Oratio sancti Nicholai.

Pie Deus, cujus sunt omnia,

---

1. On lit au manuscrit *resecentem*, qui est une erreur évidente. Ce passage montre combien est ancienne et populaire l'expression de *chair fraîche* des *contes de ma mère l'Oye*, rajeunis par Perrault.

2. *Impardonnable*. Ce mot, qui n'est pas dans les glossaires de Ducange et de D. Carpentier, est dérivé de *condonare*, donner, pardonner.

Cœlum, tellus, aer et maria,
Ut resurgant isti præcipias,
Et hos ad te clamantes audias.

  Et post OMNIS CHORUS *dicat:*

Te Deum laudamus, etc.

   EXPLICIT.

III.

TERTIUM MIRACULUM
SANCTI NICHOLAI.

PERSONÆ MIRACULI.

SANCTUS NICHOLAUS.
JUDEUS.
PRIMUS FUR.
SECUNDUS FUR.
TERTIUS FUR.
CHORUS.

ALIUD MIRACULUM
DE SANCTO NICHOLAO,
ET DE QUODAM JUDEO,

Qui imaginem Sancti apud se absconditam pro posse suo quotidie venerabatur. Hic autem cùm esset dives, apud rus tendens, sanctum Nicholaum et imaginem ejus custodem suæ domûs, sine serâ, reliquit. Interim fures cuncta quæ habebat furati sunt, quæ sanctus Nicholaus ei post modum restituit, furibus, jussu Sancti, omnia referentibus.

JUDEUS, *ad Sanctum Nicholaum*[1].
 Si quæ dicta
 Sunt adscripta
Tibi, Dei famule;

 Re testantur,
 Ceu vulgantur
Te post bustum vivere;

 Non est sane
 Quod non plane
Tuis credam meritis.

 Quidnam miri
 Quod non viri
De te dant Christicolæ?

1. On lit ainsi au manuscrit; mais, comme le Juif s'adresse à la statue du saint, il devrait y avoir *ad imaginem sancti Nicholai*.

TERTIUM MIRACULUM

Qui carentes
Sensu mentes
Astruunt componere.

Te qui luce
Carent duce
Visum dicunt sumere.

Tu qui morti
Datos sorti
Vivos reddis pristinæ.

Aure surdos,
Voce mutos,
Atque claudos gressibus.

Tu confirmas
Res infirmas,
Quosque reddens juribus.

Quem sic bonum
Me patronum
Delegisse gaudeo;

In quo vitam
Meî sitam
Consistendam flagito.

Ergo rerum
Te mearum
Servatorem statuo;

SANCTI NICHOLAI.

Tuque bonus,
Præsens, domus
Excuba, dùm abero.

Ad quam seram
Nunquam feram,
Te custode crédito.

Non est multi
Tanta fulti
Gestorum potentia.

Huic si præsit,
Ne quid desit
Tecto cum substantiâ.

Sed me meî
Causa rei
Rus compellit egredi.

Nec, ut credo,
Fas habebo
Mox, quod mallem, regredi.

Jamque vale,
Nec quid male
Nos tractent malefici.

Vigil cura,
Ne jactura
Domûs adsit censui.

TERTIUM MIRACULUM

Interim veniant fures, et post recessum ejus, dicant OMNES *insimul:*

> Quid agemus?
> Quò tendemus?
> Quæ captamus consilia?

Ad hoc dicat UNUS *ex eis :*

> Oporteret
> Ut impleret
> Nostra quisquam marsupia.

Audite, socii, mea consilia :
Vir hîc est judeus, cujus pecuniâ,
Si vultis, jam erit nostra penuria
    Relevata.

ALIUS.

Eamus properè, pellantur otia,
Tollantur januæ, frangantur ostia;
Judei forsitan hujus incuriâ,
Jam esse poterit nostra pecunia
    Augmentata.

Et cùm citiùs incipiunt ire, dicat TERTIUS :

O mei comites, ite suaviùs,
Vosque prospicite nunc diligentiùs.
Vir talis cautiùs servat quam alius
Rem de quâ metuit, et vigilantiùs
    Est servata.

SANCTI NICHOLAI.

Cum venerint ad locum ubi furari debent, sit ibi arca posita quam curveant[1], PRIMUS *dicat :*

Arcam istam hinc tollite
Si potestis quam concite;
Quod si nequitis, frangite;
Quæ sunt in eâ capite.

Quo dicto, fingant se non posse levare arcam, et dicat
SECUNDUS :

Nos oportet hanc arcam frangere
Quam nequimus integram tollere.

Tunc veniens TERTIUS *et inveniens seram non firmam, dicat :*

O! quanta exultatio!
Hæc arca, magno gaudio,
Se reserari voluit,
Et se nobis aperuit.

Hoc dicto, capto quod fuerit in arcâ, abeant, et tunc veniens JUDEUS, *et comperiens furata, dicat :*

Vah! perii; nichil est reliqui michi; cur esse cœpi?
Cur mater, cur sæve pater fore me tribuisti?
Heu! quid proferri michi profuit aut generari?
Cur natura parens consistere me statuebas,
Quæ luctus michi, quæ gemitus hos prospiciebas?
Quod querar in tantam mî crimen obesse ruinam?

---

1. *Curveare*, se courber, se plier, ici *se courber à l'entour*. Ce mot paraît être une altération du verbe *Curvare*. On voit dans le Novitius que le verbe *curvescere* était hors d'usage, mais que son composé *incurvescere* a été employé par Cicéron. *Curveo* était inusité, mais on admettait son fréquentatif.

TERTIUM MIRACULUM

Qui modò dives eram, vix aut nullius egebam,
Pollens argento, pretiosis vestibus, auro,
Sum miser, id que meî moles est pauperiei,
Nam latet ex habitu me post modo quo fruar usu,
Quod leviùs ferrem, si ferre priùs didicissem.
Sed, ni decipior, ego sane desipiebam,
Sic ego quod nomen Nicholai manè colebam.
Quidni nexa fides nocuit michi christicolarum,
Quæ probat et sine te sic te Nicholae vigere [1].
Id michi tristandi causam dedit et lacrymandi;
Nec solus flebo, nec inultus, credo, dolebo.
Tu meritis subdare probris tondere flagellis;
Sed fessus cedam, noctis tibi tempora credam
Quod nisi manè meâ repares tibi credita causâ,
Primò flagellabo te, postque flagella, cremabo.

  NICHOLAUS, *ad fures, furtum dividentes.*

  Quid prophani? quid nota reconditis?
  Quid dementes ut vestra dividitis?
    Interiistis.

  Quid perditi geritis dominii?
  Vos vobis abduxit fraus demonii.
    Occubuistis.

  Vos an transit, omnium miserrimi,
  His abductis, finis teterrimi
    Quem meruistis?

1. Ce vers est d'une grande obscurité. Il ne présente même aucun sens que nous ayons pu nettement saisir.

SANCTI NICHOLAI.

Non me latet, impudentissimi,
Quæ sunt michi commissæ domui
    Quæ rapuistis.

Has argenti marchas, his vestibus
Hanc auri massam insignibus
    Continuistis.

Michi autem sunt probra turpium,
Michi quidem et causa verberum
    Quæ perpetrastis.

Quod si noctis hujus præsentiâ
Festinatè refertis omnia
    Id devitatis;

Ne deprensi manè à populo,
Me indicante, dignas patibulo
    Pœnas solvatis.

Recedente sancto, dicat UNUS *ex eis:*
Quanta mors est has gazas reddere!
Si laudatis, volo dividere.

    ALIUS.
  In isto negotio
  Egemus consilio;
  Nunquam lætus fuero
  Si hæc sic reddidero.

    TERTIUS.
Est melius hoc nobis reddere
Quam sic vitam pendendo perdere.

TERTIUM MIRACULUM.

OMNES, *simul.*

Redeamus et reddamus.

JUDEUS, *rebus inventis suis, dicat altâ voce :*

Congaudete michi karissimi,
Restitutis cunctis quæ perdidi :
  Gaudeamus[1] !

Quæ mea dispersit incuria
Nicholai resumpsi gratiâ ;
  Gaudeamus !

Conlaudemus hunc Dei famulum ;
Abjuremus obcæcans idolum.
  Gaudeamus !

Ut errore sublato mentium,
Nicholai mereamur consortium.
  Gaudeamus !

Omnis CHORUS *dicat :*

Statuit ei Dominus[2]....

FINITUR MIRACULUM.

---

1. Ce mot est le commencement de l'*Introït* de la messe de Saint-Nicolas, dans certains missels.

2. L'*Introït* de la messe du Commun des pontifes commence par ces mots, selon le rit romain, qui était le seul en usage dans les monastères.

IV.

QUARTUM MIRACULUM
SANCTI NICHOLAI.

PERSONAE MIRACULI.

GETRON, *princeps urbis Excorandæ.*
EUFROSINA, *uxor Getronis.*
PUER, *filius Getronis et Eufrosinæ.*
MARMORINUS, *rex Agarenorum.*
CONSOLATRICES *Eufrosinæ.*
CLERICI.
MINISTRI *regis Marmorini.*
CIVIS *Excorandæ urbis.*
CHORUS.

QUARTUM MIRACULUM
SANCTI NICHOLAI.

Ad repræsentandum quomodo sanctus Nicholaus Getron filium de manu Marmorini regis Agarenorum liberavit, paretur in competenti loco, cum ministris suis armatis, rex Marmorinus, in altâ sede, quasi in regno suo sedens. Paretur et in alio loco Excoranda, Getronis civitas, et in eâ Getron, cum consolatoribus suis, uxor ejus Eufrosina et filius eorum à Deo datus. Sitque ab orientali parte civitatis Excorandæ ecclesia sancti Nicholai in quâ puer rapietur. His itaque paratis, veniant ministri Marmorini regis coram eo, et dicant omnes vel primus ex eis:

> Salve Princeps, salve Rex optime!
> Quæ sit tuæ voluntas animæ
> Servis tuis ne tardes dicere;
> Sumus quæ vis parati facere.

> REX *dicet:*

> Ite ergo, ne tardaveritis;
> Et quascunque gentes poteritis
> Imperio meo subjicite.
> Resistentes vobis occidite.

QUARTUM MIRACULUM

Interim Getron et Eufrosina, cum multitudine Clericorum, ad ecclesiam sancti Nicholai, quasi ad ejus solempnitatem celebrandam, filium suam secum ducentes, eant. Cumque ministros regis armatos illuc venire viderint, filio suo pro timore oblito, ad civitatem suam confugiant. Ministri vero Regis, puerum rapientes, coram rege veniant, et dicant omnes vel secundus ex eis:

Quod jussisti, Rex bone, fecimus;
Gentes multas vobis subegimus
Et de rebus quas adquisivimus
Hunc puerum vobis addncimus.

Omnes dicant vel tertius:

Puer iste, vultu laudabilis,
Sensu prudens, genere nobilis,
Bene debet, nostro judicio,
Subjacere vestro servitio.

REX.

Apolloni, qui regit omnia,
Semper sit laus vobisque gratia,
Qui fecistis michi tot patrias
Subjugatas et tributarias.

(*Puero*).

Puer bone, nobis edissere
De quà terrà, de quà sis genere,
Cujus ritu gens tuæ patriæ?
Sunt gentiles, sive christicolæ?

PUER.

Excorandæ principans populo,

SANCTI NICHOLAI.

Pater meus, Getron vocabulo,
Dominum colit cujus sunt maria,
Qui fecit nos et vos et omnia.

REX.

Deus meus Apollo Deus est
Qui me fecit ; verax et bonus est.
Regit terras, regnat in æthere ;
Illi soli debemus credere.

PUER.

Deus tuus mendax et malus est ;
Stultus, cæcus, surdus et mutus est ;
Talem Deum non debes colere
Qui non potest se ipsum regere.

REX.

Noli, puer, talia dicere ;
Deum meum noli despicere ;
Nam si eum iratum feceris
Evadere nequaquam poteris.

Interea EUFROSINA *compertâ oblivione filii, ad ecclesiam Nicholai redit, cùmque filium suum quæsitum non inveniret, lamentabili voce :*

Heu ! heu ! heu ! michi miseræ !
Quid agam ? quid queam dicere ?
Quo peccato merui perdere
Natum meum et ultrà vivere ?

Cur me pater infelix genuit ?
Cur me mater infelix abluit ?

QUARTUM MIRACULUM.

Cur me nutrix lactare debuit?
Mortem michi quare non præbuit?

CONSOLATRICES *venient ad eam, et dicent :*

Quid te juvat hæc desolatio?
Noli flere pro tuo filio.
Summi patris exora filium
Qui conferat ei consilium.

EUFROSINA, *quasi non curans consolationem earum.*

Fili care, fili carissime,
Fili meæ magna pars animæ,
Nunc es nobis causa tristitiæ
Quibus eras causa lætitiæ.

CONSOLATRICES.

Ne desperes de Dei gratiâ
Cujus magna misericordia
Istum tibi donavit puerum ;
Tibi reddet aut hunc aut alium.

EUFROSINA.

Anxiatus est in me spiritus !
Cur moratur meus interitus?
Cùm te, fili, non possum cernere
Mallem mori quam diù vivere.

CONSOLATRICES.

Luctus, dolor et desperatio
Tibi nocent nec prosunt filio.
Sed pro eo de tuis opibus
Da clericis atque pauperibus.

SANCTI NICHOLAI.

Nicholai roga clementiam,
Ut exoret misericordiam
Summi patris pro tuo filio,
Nec falletur tua petitio.

EUFROSINA.

Nicholae, pater sanctissime,
Nicholae, Deo carissime!
Si vis ut te colam diutiùs
Fac ut meus redeat filius.

Qui salvasti multos in pelago,
Et tres viros[1] à mortis vinculo,
Præces meæ peccatricis audias,
Et ex illo me certam facias!

Non comedam carnem diutiùs,
Neque vino fruar ulteriùs;
Nullo mero lætabor ampliùs
Donec meus redibit filius.

GETRON.

Cara soror, lugere desine,
Tuæ tibi nil prosunt lacrimæ;
Sed oretur pro nostro filio
Summi patris propitiatio.

In crastino erit festivitas
Nicholai[2], quem Christianitas

---

1. La résurrection des trois jeunes clercs, objet du second miracle.
2. On voit ici que cette pièce se représentait le 5 décembre, veille de

QUARTUM MIRACULUM

Tota debet devotè colere,
Venerari et benedicere.

Audi ergo mea consilia :
Adeamus ejus solempnia,
Conlaudemus ejus magnalia,
Deprecemur ejus suffragia.

Dei forsan est inspiratio
Quæ me monet pro nostro filio.
Est oranda, cum Dei gratiâ
Nicolai magna clementia.

Tunc resurgant, ad ecclesiam Sancti Nicholai eant, in quam cùm introierint tendat manus suas ad cœlum EUFROSINA, *et dicat :*

Summe regum rex omnium,
Rex vivorum et morientium [1] !
Nostrum nobis fac redi filium,
Vitæ nostræ solum solatium.

Audi præces ad te clamantium,
Qui in mundum misisti filium,
Qui nos cives cœlorum faceret
Et inferni claustris eriperet.

Deus Pater cujus potentia

---

la fête du saint. Il en était de même du Jeu de Saint Nicolas de Jehan Bodel (voyez cette pièce, vers 104).

1. Ce vers, rétabli par l'éditeur, est ainsi au manuscrit : *Rex unicorum remoriencium ;* erreur évidente de copiste qu'il a fallu faire disparaître.

Bona bonis ministrat omnia,
Peccatricem me noli spernere,
Sed me meum natum fac cernere!

Nicholae! quem sanctum dicimus,
Si sunt vera quæ de te credimus,
Tua nobis et nostro filio
Erga Deum prosit oratio!

His dictis, exeat ab ecclesiâ et eat in domum suam et paret mensam, et super mensam panem et vinum, unde clerici et pauperes reficiantur; quibus vocatis et comedere incipientibus, dicat MARMORINUS *ministris suis:*

Dico vobis, mei carissimi,
Quod ante hanc diem non habui
Famem tantam quantam nunc habeo.
Famem istam ferre non valeo.

Vos igitur quo vesci debeam
Præparate, ne mortem subeam.
Quid tardatis? Ite velociùs;
Quod manducem parate citiùs.

MINISTRI *euntes afferant cibos et dicant Regi:*

Ad præceptum tuum paravimus
Cibos tuos et hîc adtulimus;
Nunc, si velis, poteris properè
Quâ gravaris famem extinguere.

His dictis, afferatur aqua et lavet manus suas REX, *et, incipiens comedere, dicat:*

Esurivi et modò sitio;

QUARTUM MIRACULUM

Vinum michi dari præcipio,
Quod afferat michi quam citiùs
Servus[1] meus Getronis filius.

PUER *itaque hoc audiens suspiret graviter, et secum dicat:*

Heu! heu! heu! michi misero!
Vitæ meæ finem desidero ;
Vivus enim quandiù fuero
Liberari nequaquam potero.

REX, *puero*.

Pro quâ causâ suspiras taliter ?
Suspirare te vidi fortiter.
Quid ? Pro quo sic suspiraveris ?
Quid te nocet ? aut unde quæreris ?

PUER.

Recordatus meæ miseriæ,
Mei patris et meæ patriæ,
Suspirare cepi et gemere
Et intra me talia dicere :

Annus unus expletus hodiè,
Postquam servus factus miseriæ,
Potestati subjectus regiæ,
Fines hujus intravi patriæ.

REX.

Heu! miselle ! quid ita cogitas ?
Quid te juvat cordis anxietas ?

---

1. Ce mot souligné, nécessaire au sens et à la mesure du vers, est omis dans le manuscrit.

Nemo potest te michi tollere
Quandiù te non velim perdere.

Interea veniat aliquis in similitudine Nicholai, puerum scyphum cum recentario[1] *vino tenentem, apprehendat, apprehensusque ante fores componat, et quasi non compertus recedat. Tunc verò* UNUS DE CIVIBUS *ad puerum dicat:*

Puer, quis es, et quò vis pergere?
Cujus tibi dedit largitio
Scyphum istum cum recentario?

PUER.

Hùc venio, non ibo longiùs;
Sum Getronis unicus filius.
Nicholao sit laus et gloria
Cujus hîc me reduxit gratia!

Quo audito, currat CIVIS *ille ad Getronem, et dicat:*

Gaude Getron, nec fleas ampliùs;
Extra fores stat tuus filius.
Nicholai laudat magnalia,
Cujus eum reduxit gratia.

Cùmque hujus modi nuncium audierit EUFROSINA, *ad filium suum currat, quem sæpiùs deosculatum amplexetur, et dicat:*

Deo nostro sit laus et gloria,
Cujus magna misericordia,

---

1. *Vinum recentarium*, vin préparé, mélangé d'épices et de certaines résines. Cette expression signifie mot à mot *vin renouvelé* (voyez le Glossaire de Ducange).

QUARTUM MIRACULUM.

Luctus nostros vertens in gaudium,
Nostrum nobis reduxit filium !

Sintque patri nostro perpetuæ
Nicholao laudes et gratiæ,
Cujus erga Deum oratio
Nos adjuvit in hoc negotio.

CHORUS OMNIS.

Copiosæ karitatis [1].....

HIC FINIT.

---

[1]. Ces deux mots paraissent être le commencement d'une antienne qui faisait partie de l'Office de Saint Nicolas, et dont le chant terminait la représentation du Miracle.

V.

HERODES,

SIVE

MAGORUM ADORATIO.

PERSONÆ MYSTERII.

JESUS INFANS.
ANGELUS.
PRIMUS MAGUS.
SECUNDUS MAGUS.
TERTIUS MAGUS.
HERODES, *rex Judeorum.*
FILIUS HERODIS.
ARMIGER.
CHORUS ANGELORUM.
PASTORES.
ORATORES, *vel* INTERPRETES.
SCRIBÆ.
MULIERES.
OBSTETRICES.
POPULUS.
CHORUS.
CANTOR.

HERODES,

SIVE

MAGORUM ADORATIO.

Incipit ordo ad repræsentandum Herodem.

Parato Herode et cæteris personis, tunc quidam Angelus cum multitudine in excelsis appareat. Quo viso, pastores perterriti, salutem annunciet eis. De cæteris adhuc tacentibus.

Nolite timere *vos*, ecce enim euvangelizo vobis gaudium magnum, quod erit omni populo, quia natus nobis hodiè salvator mundi, in civitate David, et hoc vobis signum : invenietis infantem pannis involutum et positum in præsepio, *in medio duum animalium* [1].

Et subitò omnis multitudo cum Angelo dicat :

Gloria in excelsis Deo et in terrà pax hominibus bonæ voluntatis [2]. Alleluia ! alleluia !

---

1. Ce passage est emprunté du texte de l'évangile selon saint Luc, ch. 2, v. 10, 11 et 12, sauf cinq mots ajoutés qui sont ici en caractères italiques, et qui ne se trouvent dans aucun Évangile apocryphe, ni dans aucun Père de l'Église. (L. B.)

2. Ibid. v. 14.

Tunc demùm surgentes (pastores) *cantent intra se :* Transeamus, etc., *et sic procedant usque ad præsepe quod ad januas monasterii paratum erit.*

Transeamus usque Bethleem, ut videamus hoc Verbum quod factum est, quod *fecit* Dominus *et* ostendit nobis [1].

Tunc DUÆ MULIERES *custodientes præsepe interrogent pastores, dicentes :*

Quem quæritis, pastores, dicite?

PASTORES *respondeant.*

Salvatorem Christum Dominum;
Infantem pannis involutum,
Secundum sermonem angelicum.

MULIERES.

Adest parvulus, cum Mariâ matre ejus, de quo dudùm vaticinando Ysaias propheta dixerat : Ecce virgo concipiet et pariet filium [2].

Tunc PASTORES *procidentes adorent infantem dicentes :*

Salve rex sæculorum !

Postea surgentes invitent populum circumstantem ad adorandum infantem, dicentes turbis vicinis.

Venite, venite, venite, adoremus Dominum, quia ipse est salvator noster.

Interim magi, prodeuntes quisque de angulo suo, quasi de regione suâ, conveniant ante altare, vel ad ortum stellæ, et dum appropinquant PRIMUS *dicat :*

1. Ibid., v. 15.
2. Cap. VII, v. 14.

HERODES.

Stella fulgore nimio rutilat.

SECUNDUS.

Quem venturum olim propheta signaverat.

Tunc stantes collaterales, dicat dexter ad medium : Pax tibi frater; *et ille respondeat :* Pax quoque tibi; *et osculentur sese : sic medius ad sinistrum, sic sinister ad dextrum. Salutatio cuique.*

DEXTER *ad medium.*

Pax tibi frater!

Respondeat cujusque.

Pax quoque tibi.

Tunc ostendant sibi mutuò (stellam).

Ecce stella; ecce stella; ecce stella.

Procedente autem stellá, sequentur ipsi præcedentem stellam dicentes.

Eamus ergo et inquiramus eum, offerentes ei munera, aurum, thus et myrrham, quia scriptum didicimus : adorabunt eum omnes reges, omnes gentes servient ei.

Venientes ad ostium chori, interrogent astantes.

Dicite nobis, ô Jerosolimitani cives! ubi est expectatio gentium, ubi est qui natus est rex Judeorum, quem signis cœlestibus agnitum venimus adorare?

Quibus visis, Herodes mittat ad eos ARMIGERUM, *qui dicat :*

Quæ verùm novitas aut quæ causa subegit vos ignotas temptare vias? quò tenditis ergo? quod genus? Inde domo? Pacemne hûc fertis, an arma?

HERODES.

MAGI.

Chaldæi sumus;
Pacem ferimus;
Regem regum quærimus,
Quem natum esse stella indicat,
Quæ fulgore cæteris clarior rutilat.

ARMIGER *reversus salutat regem; flexo genu dicat:*

Vivat rex in æternum !

HERODES.

Salvet te gratia mea !

ARMIGER.

Adsunt nobis, domine, tres
Viri ignoti, ab oriente venientes,
Novum natum quemdam regem quæritantes.

Tunc mittat HERODES *oratores vel interpretes suos ad magos, dicens:*

Læti inquisitores,
Qui sunt inquirite reges
Affore quos nostris
Jam fama revolvit in oris [1].

INTERPRETES *ad magos.*

Principis edictu, reges, præscire venimus

---

1. On lit dans le manuscrit *in choris*, pour *in oris*, de même que l'on disait alors *michi* pour *mihi* et *Hlodovicus* pour *Ludovicus*.

Quò sit profectus hic vester et unde profectus?

MAGI.

Regem quæsitum,
Duce stellâ significatum,
 Munere proviso,
Properamus eum venerando.

ORATORES, *reversi ad Herodem.*

Reges sunt Arabum;
Cum trino munere natum
 Quærunt infantem,
Quem monstravit sidera regem.

HERODES, *mittens armigerum pro magis.*

Ante venire jube,
Quò possim singula scire,
 Qui sunt, cur veniant,
Quo nos rumore requirant?

ARMIGER.

Quod mandas citiùs,
Rex inclite, proficietur.

ARMIGER, *ad magos.*

Regia vos mandata vocant,
 Non segniter ite.

ARMIGER, *adducens magos ad Herodem.*

En magi veniunt,
Et regem natum, stellâ duce, requirunt.

HERODES, *ad magos.*

Quæ sit causa viæ?

HERODES.

Qui vos? vel unde venitis?
Dicite.

MAGI.

Rex est causa viæ;
Reges sumus ex Arabitis;
Huc venientes quærimus
Regem regnantibus imperitantem,
Quem natum mundo
Lactat judaica virgo.

HERODES.

Regem quem quæritis
Natum esse,
Quo signo didicistis?

MAGI.

Illum natum esse
Didicimus in oriente,
Stellâ monstrante.

HERODES.

Illum regnare creditis?
Dicite nobis.

MAGI.

Illum regnare fatentes,
Cum mysticis muneribus,
De terrâ longinquâ adorare venimus,
Ternum Deum venerantes
Tribus cum muneribus.

Tunc ostendant munera, PRIMUS *dicat:*

Auro, regem.

HERODES.

SECUNDUS.

Thure, Deum.

TERTIUS.

Myrrhâ, mortalem.

Tunc HERODES *imperat sinistris qui cum eo sedent in habitu juvenili, ut adducant scribas qui in diversorio parati sunt, barbati.*

Vos mei siniste[1],
Legis peritos ascite,
Ut discant in prophetis
Quod sentiant ex his.

SINISTRI *ad scribas, et adducant eos cum libris prophetarum.*

Vos legis periti,
Ad regem vocati
Cum prophetarum libris,
Properando venite.

Postea HERODES *interroget scribas, dicens :*

O vos scribæ,
Interrogati dicite
Si quid de hoc puero
Scriptum videritis in libro?

Tunc SCRIBÆ *diù revolvant librum, et tandem inventâ quasi propheticâ, dicant :* Vidimus, Domine, etc., *et ostendentes cum digito regi incredulo tradant librum.*

Vidimus, Domine, in prophetarum

---

[1]. Altération de *sinistri*, faite à cause de la rime.

Lineis, nasci Christum
In Bethleem Judæ civitate,
David prophetâ sic vaticinante.

CHORUS.

Bethleem non es minima, etc.[1]

Tunc Herodes, visâ propheticâ, furore accensus, projiciat librum; at FILIUS *ejus, audito tumultu, procedat, pacificaturus patrem, et stans salutet eum :*

Salve, pater inclite,
Salve, rex egregie,
Qui ubique imperas,
Sceptra tenens regia.

HERODES.

Fili amantissime,
Digne laudis munere,
Laudis pompam regiæ
Tuo gerens nomine,

Rex est natus fortior,
Nobis potentior;
Vereor ne solio
Nos extrahet regio.

Tunc FILIUS *despectivè loquens, offerat se ad vindictam, dicens:*

Contra illum regulum,
Contra natum parvulum

---

[1]. Michæas, c. v, v. 2. Matth., c. II, v. 6, et tu Bethleem terra Juda, nequaquam minima es in principibus Juda : ex te enim exiet dux, qui regat populum meum Ysrael.

HERODES.

Jube, pater, filium
Hoc inire prælium.

Tunc demùm dimittat HERODES *magos ut inquirant de puero, et coram eis spondeat regi nato, dicens:*

Ite, et de puero diligenter investigate,
Et invento, redeuntes, michi renunciate,
Ut ego veniens adorem eum.

Magis egredientibus, præcedat stella eos, quæ nondùm in conspectu Herodis apparuit, quam ipsi sibi mutuò ostendentes, procedant. Quâ visâ Herodes et filius minentur cum gladiis. (Magi cantent):

Ecce stella in oriente prævisa;
Iterùm præcedit nos lucida.

Interim PASTORES, *redeuntes à præsepe, veniant gaudentes et cantantes in eundo.*

O regem cœli!

Ad quos MAGI.

Quem vidistis?

PASTORES.

Secundum quod dictum est nobis ab angelo de puero isto, invenimus infantem pannis involutum et positum in præsepio, in medio duum animalium.

Postea, pastoribus abeuntibus, MAGI *procedant post stellam, usque ad præsepe, cantantes:*

Quæ non prævalent
Propriâ magnitudine,

Cœlum, terra atque maria
 Lata capere,

De virgineo natus utero,
Ponitur in præsepio,
Sermo cecinit quem vatidicus.
Stat simul bos et asinus.

Sed oritur stella lucida
Præbitum Domino obsequia,
Quem Balaam ex judaicâ
Nasciturum dixerat prosapiâ.

Hæc nostrorum occulos
Fulguranti lumine perstrinxit lucida
Et nos ipsos providè ducens ad cunabula
Resplendens fulgida.

Tunc OBSTETRICES *videntes, magos alloquantur:*
 Qui sunt hii qui, stellâ duce
 Nos adeuntes, inaudita ferunt?

MAGI.

Nos sumus quos cernitis reges
Tharsis et Arabum et Saba, dona ferentes
Christo nato, regi Domino, quem, stellâ ducente
 Adorare venimus.

OBSTETRICES *ostendentes puerum.*

Ecce puer adest quem quæritis.
Jam properate et adorate,
Quia ipse est redemptio mundi.

HERODES.

MAGI.

Salve, rex sæculorum!
Salve, Deus Deorum!
Salve, salus mortuorum!

Tunc procidentes Magi, adorent puerum et offerent.

PRIMUS *dicat:*

Suscipe, rex, aurum, regis signum.

SECUNDUS.

Suscipe myrrham, signum sepulturæ.

TERTIUS.

Suscipe thus, tu verè Deus.

Istis factis, Magi incipiant dormire, ibi ante præsepe, donec angelus desuper apparens, moneat in somnis ut redeant in regionem suam per aliam viam.

ANGELUS *dicat:*

Impleta sunt omnia quæ propheticè scripta sunt. Ite viam remeantes aliam, nec delatores tanti regis puniendi eritis.

MAGI *evigilantes.*

Deo gratias! surgamus ergo, visione moniti angelicâ, et calle mutato, lateant Herodem quæ vidimus de puero.

Tunc Magi abeuntes per aliam viam, non vidente Herode, cantent:

O admirabile commercium!
Creator omnium.

HERODES.

Tunc venientes choro, dicent:
Gaudete fratres,
Christus nobis natus est,
Deus homo factus est.

Tunc CANTOR *incipit:*
Te Deum, etc.

SIC FINIT.

VI.

MYSTERIUM.

STRAGES
INNOCENTIUM.

PERSONÆ MYSTERII.

JESUS INFANS.
MARIA, *virgo*.
JOSEPH.
ANGELUS.
HERODES, *rex Judeorum*.
ARCHELAUS, *filius Herodis*.
INNOCENTIUM TURBA.
RACHEL.
CONSOLATRICES.
ARMIGER.
CANTOR.

STRAGES
INNOCENTIUM[1].

Ad interfectionem puerorum, induantur Innocentes stolis albis, et gaudentes per monasterium, orent Dominum dicentes : Quam gloriosum, *etc. Tunc agnus ex improviso veniens, portans crucem, antecedat eos huc et illuc, et illi sequentes cantent :*

>Quam gloriosum est regnum!
>Emitte agnum, Domine[2].

Interim ARMIGER *quidam offerat Herodi sedenti sceptrum suum, dicens :*

>Super solium David.

Interea angelus super præsepe apparens, moneat Joseph fugere in Ægyptum cum Mariâ. Angelus dicat tribus vicibus : Joseph!

>Joseph! Joseph! Joseph, fili David!

Postea dicat hæc :

Tolle puerum et matrem ejus et vade in Ægyptum, et

---

1. La pièce ne porte point de titre dans le manuscrit.
2. « Emitte agnum, Domine, dominatorem terræ, de petrâ deserti ad montem filiæ Sion. » (*Ysaias*, cap. XVI, v. 1.)

esto ibi usque dùm dicam; futurum est enim ut Herodes quærat puerum ad perdendum eum.

JOSEPH *abiens, non vidente Herode, cum Mariâ portante puerum, dicens :*

Ægypte, noli flere.

Interim ARMIGER *nuncians Magos per aliam viam rediisse, salutet priùs regem, postea dicat:*

Rex, in æternum vive!
Delusus es, domine:
Magi per viam redierunt aliam.

Tunc HERODES, *quasi corruptus*[1], *arrepto gladio, paret se ipsum occidere, sed prohibeatur tandem à suis et pacificetur, dicens :*

Incendium meum ruinâ restinguam.

Interea INNOCENTES, *adhuc gradientes post agnum, decantent:*

Agno sancto,
Pro nobis mortificato,
Splendorem patris,
Splendorem virginitatis,
Offerimus Christo
Sub signo Numinis[2] isto.
Multis ira modis
Ut quos inquirit Herodis,

1. *Corruptus*, hors de raison, en fureur.
2. On lit *luminis* sur le manuscrit, mais le sens exige *Numinis*.

STRAGES INNOCENTIUM.

Agno salvemur,
Cum Christo commoriemur.

ARMIGER, *suggerat Herodes, dicens:*

Discerne, domine;
Vindicare iram tuam,
Et stricto mucrone
Jube occidi pueros;
Forte inter occisos[1],
Occidetur et Christus.

HERODES *tradens ei gladium, dicens:*

Armiger eximie,
Pueros fac ense perire.

Interim, occisoribus venientibus, subtrahatur agnus clàm, quem abeuntes salutant INNOCENTES, *dicentes:*

Salve agnus Dei, salve, qui tollit peccata mundi. Alleluia!

Tunc MATRES *occisorum orent occidentes.*

Oremus, teneræ natorum parcite vitæ.

Postea, jacentibus infantibus, ANGELUS *ab excelso appareat, et moneat eos, dicens:*

Vos qui in pulvere estis expergiscimini et clamate.

INFANTES *jacentes.*

Quare non defendis sanguinem nostrum, Deus noster?

---

1. On lit *occulos* dans le manuscrit original. La restitution *occisos* est indiquée par le sens comme par la rime.

MYSTERIUM.

ANGELUS.

Adhuc sustinete modicum tempus, donec impleatur numerus fratrum vestrorum.

Tunc inducatur RACHEL *et duæ consolatrices, et stans, super pueros plangat, cadens aliquando, dicens* [1]*:*

> Heu! teneri partus!
> Laceros quos cernimus artus?
>
> Heu! dulces nati,
> Solà rabie jugulati!
>
> Heu! quem nec pietas,
> Nec vestra coercuit ætas!
>
> Heu! matres miseræ
> Quæ cogimur ista videre!
>
> Heu! quid nunc agimus?
> Cur non hæc facta subimus?
>
> Heu! quid memores?
> Nostrosque levare dolores
> Gaudia non possunt,
> Nam dulcia pignora desunt.

CONSOLATRICES *excipientes eam cadentem, dicentes:*

> Noli, virgo Rachel,
> Noli dulcissima mater,
> Pro nece parvorum
> Fletus retinere dolorum.

---

1. Les lamentations suivantes sont en vers hexamètres.

STRAGES INNOCENTIUM.

Sique tristaris
Exulta quæ lacrimaris,
Namque tui nati
Vivunt super astra beati.

Item RACHEL *dolens :*

Heu! heu! heu!
Quomodo gaudebo,
Dum mortua membra videbo?

Dum sic commota
Fuero, per viscera tota?

Me facient verè
Pueri sine fine dolere.

O dolor, ô patrum,
Mutataque gaudia matrum!

Ad lugubres luctus
Lacrimarum fundite fletus,

Judeæ florem,
Patriæ lacrimando dolorem.

Item CONSOLATRICES.

Quid tu virgo mater
Rachel plorans formosa?

Cujus vultus [1]
Jacob delectat,

---

1. On lit *vultum* au manuscrit, ce qui semble une erreur.

MYSTERIUM.

Seu sororis agniculæ
Limpitudo eum juvat.

Terge, mater, flentes oculos.
Quam te decent genarum rivuli!

Item RACHEL.

Heu! heu! heu!
Quid me incusastis
Fletus incassum fudisse?

Cum sim orbata nato
Qui[1] paupertatem meam curaret.

Qui non hostibus cederet
Angustos terminos
Quos michi Jacob adquisivit.

Quique stolidis fratribus,
Quos multos prodolor extulit,
Esset profuturus.

Tunc CONSOLATRICES *esupinantes infantes, dicentes :*

Numquid flendus est iste
Qui regnum possidet cœleste?
Quique prece frequentâ
Miseris fratribus
Apud Deum auxilietur?

1. Mot suppléé comme nécessaire au sens.

STRAGES INNOCENTIUM.

Item RACHEL *cadens super parvulos :*

Anxiatus in me spes meus[1],
In me turbatum est cor meum.

Tunc Consolatrices abducant Rachel et ANGELUS *interim de supernis dicat antiphonam quæ sequitur :*

Sinite parvulos, etc.[2]

Ad vocem angeli surgentes PUERI *intrent chorum, dicentes :*

O Christe! quantum patri exercitum
Juvenis doctus ad bella maxima
Poplis prædicans colligis umbras
Suggens cum tantum miseris[3].

Dum hæc fiunt tollatur Herodes et substituatur in loco ejus filius ejus Archelaüs, et exaltetur in regem.

Interim ANGELUS *commoneat Joseph in Ægyptum, quò priùs secessit, dicens :*

Joseph, Joseph, Joseph, fili David, revertere in terram Judam, defuncti sunt enim qui quærebant animam pueri.

Tunc Joseph revertatur cum Mariâ et puero, secedens in partes Galileæ, dicens :

Gaude, gaude, gaude,

---

1. *Spes* est du genre féminin, mais il est impossible de lire autrement le manuscrit.
2. « Sinite parvulos, et nolite eos prohibere ad me venire, talium est « enim regnum cœlorum. » (Evang. sec. Matthéum, cap. XIX, v. 14.)
3. Ce passage, exactement copié sur le manuscrit, est tout-à-fait inintelligible.

MYSTERIUM.

Maria virgo, cunctas hæreses.... etc.[1].

CANTOR *incipit :*

Te Deum laudamus, etc.

[1] « Gaude, Maria virgo, cunctas hæreses sola interemisti in universo « mundo. » (Antienne du *Magnificat,* tirée de saint Augustin. L. B.)

SIC FINIT.

VII.
MYSTERIUM RESURRECTIONIS
D. N. JHESU CHRISTI.

PERSONÆ MYSTERII.

D. N. JESUS CHRISTUS.
D. N. JESUS CHRISTUS, *in similitudine horlotani.*
ANGELI DUO.
MARIA PRIMA.
MARIA SECUNDA.
MARIA TERTIA.
PETRUS,   } *apostoli.*
JOHANNES, }
PLEBS.

MYSTERIUM RESURRECTIONIS
D. N. JHESU CHRISTI.

Ad faciendam similitudinem dominici sepulchri, primùm procedant tres fratres præparati et vestiti in similitudinem trium Mariarum[1]*, pedetentim et quasi tristes alternantes, hos versus cantantes:*

PRIMA *earum dicat.*

Heu! pius pastor occidit,
Quem culpa nulla infecit[2]!
O res plangenda!

SECUNDA.

Heu! verus pastor obiit,
Qui vitam sanctis contulit!
O mors lugenda!

TERTIA.

Heu! nequam gens judaica!

1. Ici trois jeunes moines vêtus en femmes représentent les trois Marie.
2. D'*inficio*, gâter, corrompre.

Quam dira frendens vesania!
Plebs execranda!

PRIMA.

Cur nam pium impia,
Dampnasti Jhesum invida [1]?
O ira nefanda!

SECUNDA.

Quid justus hic promeruit
Quod crucifigi debuit?
O gens dampnanda!

TERTIA.

Heu! quid agemus miseræ,
Dulci magistro orbatæ?
Heu! sors lacrimanda!

PRIMA.

Eamus ergo properè,
Quod solum quimus facere,
Mente devotâ.

SECUNDA.

Condimentis aromatum
Ungamus corpus sanctissimum;
Quo pretiosa [2].

TERTIA.

Nardi vetet commixtio,

---

1. On lit sur le manuscrit :
    Cur *nace* pium impia?
    Dampnasti *sevam* invida.
Le sens a exigé la restitution faite au texte.

2. Ce mot ne peut se rapporter qu'à *aromata*.

D. N. JHESU CHRISTI.

Ne putrescat in tumulo,
Caro beata.

Cum autem venerunt in chorum, eant ad monumentum quasi quærentes, et cantantes omnes simul hunc versum :

Sed nequimus hoc patere[1] sine adjutorio.
Quisnam saxum hoc revolvet ab monumenti ostio ?

Quibus respondeat ANGELUS *sedens foris, ad caput sepulcri, vestitus albâ deauratâ, mitrâ tectus caput, etsi deinfulatus, palmam in sinistrâ, ramum candelarum plenum tenens in manu dextrâ, et dicat moderatâ et admodùm gravi voce :*

Quem queritis in sepulcro ?
O ! christicolæ !

MULIERES.

Jhesum Nazarenum crucifixum.
O ! Cælicolæ !

Quibus respondeat ANGELUS *:*

Quid, Christicolæ, viventem quæritis cum mortuis ?
Non est hîc, sed surrexit, prout dixit discipulis ;
Mementote quid jam vobis locutus est in Galileâ,
Quia Christum oportebat pati, atque die tertiâ
Resurgere cum gloriâ.

MULIERES *conversæ ad populum cantent :*

Ad monumentum Domini venimus

---

1. Ce verbe neutre est pris ici dans le sens actif d'*aperire*.

Gementes ; angelum Dei sedentem vidimus
Et dicentem quia surrexit à morte.

Post hæc MARIA MAGDALENE, *relictis duabus aliis, accedat ad sepulcrum, in quod sæpè aspiciens, dicat :*

Heu dolor ! heu ! quam dira doloris angustia[1] !
Quod dilecti sum orbata, magistri præsentiâ ;
Heu ! quis corpus tam dilectum
Sustulit e tumulo ?

Deinde pergat velociter ad illos qui in similitudine Petri et Johannis præstare debent erecti, stansque ante eos quasi tristis, dicat :

Tulerunt Dominum meum,
Et nescio ubi posuerunt eum ;
Et monumentum vacuum est inventum,
Et sudarium cum sindone repositum.

Illi autem hoc audientes velociter pergent ad sepulcrum ac si currentes ; sed junior, S. Johannes, perveniens stet extra sepulcrum, senior verò, S. Petrus, sequens eum, statim intret, postquam et Johannes intret, cum inde exierint JOHANNES *dicat :*

Miranda sunt quæ vidimus !
En furtim sublatus est Dominus !

Cui PETRUS.

Imò ut prædixit vivus
Surrexit, credo, Dominus.

---

1. D'*angustium*, qui est inusité, par corruption d'*angustiæ, arum*.

D. N. JHESU CHRISTI.

JOHANNES.

Sed cur liquit in sepulcro
Sudarium cum linteo?

PETRUS.

Ista quia resurgenti
Non erant necessaria.
Imò resurrectionis
Restant hæc indicia.

Illis autem abeuntibus, accedat MARIA *ad sepulcrum,
et priùs dicat:*

Heu dolor! heu! quam dira doloris angustia!
Quod dilecti sum orbata magistri præsentiâ.
Heu! quis corpus tam dilectum
Sustulit e tumulo?

*Quam alloquantur duo angeli sedentes infrà sepulcrum,
dicentes:*

Mulier quid ploras?

MARIA.

Quia tulerunt Dominum meum,
Et nescio ubi posuerunt eum.

ANGELUS.

Noli flere, Maria; resurrexit Dominus.
Alleluia!

MARIA.

Ardens est cor meum desiderio
Videre Dominum meum;
Quæro et non invenio

Ubi posuerunt eum.
Alleluia!

Interim veniat quidam præparatus in similitudinem hortulani, stansque ad caput sepulcri, dicat:

Mulier quid ploras? quem quæris [1]?

MARIA.

Domine, si tu sustulisti eum, dicito mihi ubi posuisti eum, et ego eum tollam [2].

Et ille:

Maria!

Atque procidens ad pedes ejus, MARIA *dicat:*

Rabboni!

At ille subtrahat se, et quasi tactum ejus devitans, dicat:

Noli me tangere, nondùm enim ascendi ad patrem meum et patrem vestrum, Dominum meum et Dominum vestrum.

Sic discedat hortulanus, MARIA *verò, conversa ad populum, dicat:*

Congratulamini michi omnes qui diligitis Dominum, quia quem quærebam apparuit michi, et dum flerem ad monumentum, vidi Dominum meum. Alleluia!

Tunc DUO ANGELI *exeant ad ostium sepulcri, ita ut appareant foris, et dicant:*

Venite et videte locum ubi positus erat Dominus.

1. Joan. xx, 13.
2. Joan. xx, 17.

D. N. JHESU CHRISTI.

Alleluia!
Nolite timere vos;
Vultum tristem jàm mutate:
Jhesum vivum nunciate:
Galileam jàm adite:
Si placet videre, festinate:
Citò euntes dicite discipulis quia surrexit Dominus.
Alleluia!

Tunc MULIERES *discedentes à sepulcro dicant ad plebem:*

Surrexit Dominus de sepulcro
Qui pro nobis pependit in ligno.
Alleluia!

Hoc facto, expandant sindonem, dicentes ad plebem:

Cernite vos socii, sunt corporis ista beati lintea, quæ vacuo jacuêre relicta sepulcro.

Postea ponant sindonem super altare, atque revertentes alternent hos versus: PRIMA *dicat:*

Resurrexit hodiè Deus Deorum.

SECUNDA.

Frustrà signas lapidem, plebs Judeorum.

TERTIA.

Jungere jàm populo christianorum.

Item PRIMA *dicat:*

Resurrexit hodiè rex angelorum.

SECUNDA.

Ducitur de tenebris turba piorum.

MYSTERIUM RESURRECTIONIS.

TERTIA.

Reseratur aditus regni cœlorum.

Intereà is qui ante fuit hortulanus, in similitudinem Domini veniat, dalmaticatus candidâ dalmaticâ, candidâ infulâ infulatus, phylacteria[1] pretiosa in capite, crucem cum labaro[2] in dextrâ, textum auro paratorium[3] in sinistrâ habens, et dicat mulieribus:

Nolite timere vos, ite, nunciate fratribus meis ut eant in Galileam, ibi me videbunt sicut prædixi eis.

CHORUS.

Alleluia!
Resurrexit hodiè Dominus.

Quo finito, dicant OMNES *insimul:*

Leo fortis, Christus, filius Dei[4].

Et CHORUS, *dicat:*

Te Deum laudamus, etc.

EXPLICIT.

---

1. Voyez sur ce mot la note de la page 182.

2. Le *labarum*, étendard sur lequel une croix était représentée.

3. *Paratorium* signifie la pale, ou le voile d'étoffe précieuse dont on enveloppait le calice avant et après la célébration de la messe. Il servait aussi de nappe de communion et même d'autel. Ce sens n'a pas été donné par Ducange qui traduit ce mot par *secretarium ecclesiæ*, ce qu'on appelle aujourd'hui *la sacristie*.

4. Ces mots se retrouvent aussi dans l'ancien rituel de l'office de Sens. (Voyez l'*Observation* suivante.)

OBSERVATION
SUR LE MYSTÈRE DE LA RÉSURRECTION.

Dans le moyen âge, des représentations de mystères avaient lieu dans plusieurs églises de France, et même ces pieux divertissements étaient souvent mêlés aux offices divins. Nous en avons la preuve à l'égard de l'église de Sens, dans un manuscrit du treizième siècle, qui contient entre autres choses l'office de la fête des Fous. Ce manuscrit conservé à Sens n'est pas sous nos yeux, mais la ville de Melun en possède une copie assez moderne que M. Chamblain, maire de cette ville, a eu la complaisance de nous communiquer.

On lit dans ce manuscrit à l'office du jour de Pâques :

Antiquitùs in ecclesiá senonensi post ultimum responsum. Et valdè, etc.
Cantabatur prosa ut sequitur :

Hortum prædestinatio,
Parvo sabbati spatio,
Providerat in proximo
Civitatis pro fascio;

Hortum pomorum vario,
Non insignem edulio;
Quantùm virtutis spatio;
Coæqualem Elysio.

In hoc magnus decurio
Ac nobilis centurio,
Florem Mariæ proprio
Sepelivit in tumulo.

Flos autem, die tertio,
Qui floret ab initio,

OBSERVATION.

Refloruit e tumulo,
Summo mane diluculo [1].

Puer, in vestitu angelico sedens super pulpitum à cornu altaris sinistro, cantabat.

ANGELUS.
Quem quæritis in sepulcro,
Christicolæ?

TRES MARIÆ *simul respondent, genua flectendo.*
Jesum Nazarenum crucifixum,
O cœlicolæ!

ANGELUS *autem sublevans tapetum altaris, tanquam respiciens in sepulcrum, cantat.*
Non est hîc, surrexit sicut prædixerat; ite nunciate quia surrexit.

MARIÆ, *revertentes ad chorum, cantant:*
Resurrexit Dominus hodiè.
Resurrexit Leo fortis,
Christus filius Dei.

Duo vicarii, induti cappis sericis, in medio chori cantant:
Dic nobis Maria,
Quid vidisti in viâ?

PRIMA MARIA, *stans à parte sinistrâ, respondit:*
Sepulcrum Christi viventis
Et gloriam vidi resurgentis.

SECUNDA MARIA.
Angelicos testes
Sudarium et vestes.

TERTIA MARIA.
Surrexit Christus, spes nostra,
Præcedet suos in Galileam.

---

[1]. Cette prose barbare est en vers de la même mesure que ceux de la prose de l'Ane, conservée dans le manuscrit de Sens. Cette dernière pièce a été publiée par Du Tilliot dans ses *Mémoires pour servir à l'histoire de la fête des Fous.* Lausanne et Genève, 1751, in-4° et in-8°, et par M. l'abbé de La Bouderie, dans le *Journal des Paroisses*, d'après Ducange, au mot *Festum asinorum*. Ce dernier texte est plus complet que celui du manuscrit de Sens, que Du Tilliot s'était contenté de reproduire.

OBSERVATION.

<small>DUO VICARII *respondent :*</small>
Credendum est magis soli Mariæ veraci
Quam Judæorum turbæ fallaci.

<small>TOTUS CHORUS *respondet :*</small>
Scimus Christum surrexisse
A mortuis verè.
Tu nobis victor rex miserere.

Deinde dicitur Te Deum, etc.

On voit par ce qui précède que dès le treizième siècle la mise en scène de l'Ange et des trois Maries était déjà regardée comme un ancien usage tombé en désuétude ; on n'en avait conservé que l'image ; c'est encore le manuscrit de Sens qui nous l'apprend dans le passage suivant :

A la procession solemnelle qui se fait en l'église métropolitaine de Sens le jour de Pasques, auparavant matines, à laquelle on porte le saint sacrement, un chacun tenant un cierge allumé, on chante l'antienne suivante :

Ardens est cor meum desiderio videre Dominum meum ; quæro et non invenio ubi posuerunt eum. Alleluya.

Monseigneur l'archevêque, ou l'officiant, avec deux chanoines revestus de chappes, estant arrivés dans la chapelle de Nostre-Dame, le saint sacrement sur l'autel, un enfant de chœur placé à côté de l'autel chante debout ce qui suit :

Quem quæritis in sepulcro, ò christicolæ ?

Les deux choristes, revestus de chappes, respondent :

Jesum Nazarenum crucifixum, ò cœlicolæ !

Le mesme enfant poursuit :

Non est hic, surrexit sicut prædixerat ; ite nunciate quia surrexit.

Ayant achevé, le préchantre commence la prose :

Victimæ paschali laudes, etc.

Plusieurs autres églises adoptèrent, au XIIIe siècle, pour la procession de Pâques, des cérémonies qui avaient beaucoup

OBSERVATION.

de rapport avec celles de Sens. Le savant bénédictin D. Martene, dans son ouvrage sur l'ancienne discipline [1], fait connaître ce qui se pratiquait à Soissons, à Tours, à Vienne en Dauphiné et à Strasbourg.

Nous allons extraire ce qui est relatif à l'église de Soissons, le cérémonial que l'on y suivait présentant plus de singularité que celui qui était admis dans les cathédrales qui viennent d'être indiquées. D. Martene en a emprunté le récit d'un rituel, écrit au XIIIe siècle, sous l'évêque Nivelon II; nous croyons devoir donner textuellement une partie de cette pièce; elle perdrait à être traduite.

Summo diluculo pulsentur omnia signa : deinde bina et bina, ad ultimum verò ter simul iterùm omnia signa pulsentur. Pavimentum intereà totius presbyterii et chori hederâ et aliis viridibus foliis sternatur. Ecclesia præterea cereis accensis à capite usque ad pedes per circuitum vestiatur. Altare sacrosanctum, amplificato numero cereorum, lumine circumdetur. Numerus verò cereorum circà altare et ante sit nonagenta unius. Funiculus insuper à capite usque ad pedes ecclesiæ protendatur, in quo circulus quidam ferreus, habens septem cereos, super ostium sepulcri in altum dependeat. Circulus autem iste, qui et stella à nobis nuncupatur, verum luciferum, qui manè resurrexit, designat. Adhuc autem decem cerei ad crucifixum accendantur. In initio verò omnium istorum custos clericus deferat cum summo honore ad sepulcrum, in superpelliceo [2], *Corpus Dominicum in vasculo, à die Cenæ reservatum, ponens illud super altare. His peractis, duobus antiquioribus ac duobus diaconis in choro sedentibus cum cappis de pallio, pontifex in sede suâ cum cappâ de pallio* [3] *mitratus stans incipiat: Domine labia mea aperies. Deus in adjutorium. Presbyteri et diacones prædicti invitatorium* Alleluia! Christum Dominum resurgentem *totum decantant, et totum repetitur à choro*......................

---

[1]. *Tractatus de antiquâ disciplinâ in divinis celebrandis officiis. Lugduni*, 1706, in-4°, cap. 25 *De Paschatis festo*, p. 495-508.

[2]. En surplis.

[3]. Revêtu d'une chappe d'étoffe de soie (voy. Ducange, au mot *Palleus*).

OBSERVATION.

*Tunc eat processio ad sepulcrum sic : pueri primùm ferentes tintinnabula et
alii cum vexillis : deinde candelabra, thuribula, crux, quatuor subdiaconi
in albis. Hos sequentur duo presbyteri cum cappis de pallio : cæteri quoque
in ordine suo : ad ultimum episcopus cum baculo pastorali et mitrá et cappá
de pallio ; cum ipso verò capellanus. Et cùm perventum fuerit ad sepul-
crum inveniantur ibi duo diacones albis simplicibus capitibus amictis coo-
pertis, niveis dalmaticis superinduti. Hi in similitudine angelorum ad fe-
nestram stantes sepulcri, unus ad dextram et alius ad sinistram, voce
humillimá et capitibus inclinatis versisque ad sepulcrum :*

Quem quæritis in sepulcro, ò christicolæ ?

Duo presbyteri in cappis de pallio, in loco Mariarum :

Jesum Nazarenum crucifixum, ò cœlicolæ.

Duo diacones-angeli :

Non est hic, surrexit sicut prædixerat; ite nunciate quia surrexit.

Presbyteri, qui et Mariæ dicuntur, voce altiori respondeant :

Alleluia !
Resurrexit Dominus hodiè ;
Resurrexit Leo fortis,
Christus filius Dei :
Deo gratias, dicite eya !

*Tunc capellanus de sepulcro ab intùs in superpelliceo stans porrigat diaconis-
angelis vasculum cum Corpore Dominico et statim pulsentur tintinnabula et
omnia signa ecclesiæ. Cantor autem incipiat* Christus resurgens. *Tunc ex-
tendatur velum quoddam super Corpus Dominicum à subdiaconis quatuor.
Cerei quoque cum vexillis, thuribulo et crucibus præcedant. Presbyteri
nempè prædicti, acceptis thuribulis conducant illud super incensantes, unus
à dextris, et alius à sinistris, stellá prædictá superduce ; quo deportato à
diaconis honorificè et super altare oblato, serra circa altare claudantur.
Finitáque antiphoná superiori* Christus resurgens, *episcopus, in sede suá
stans, jussu cantoris incipiat* Te Deum laudamus : *qui dùm cantatur à
choro, duo majora signa tantummodò pulsentur. Interea vexilla, crux,
cerei, thuribula cum tintinnabulis sonantibus ante altare morentur. Finito*
Te Deum laudamus, *iterùm omnia signa pulsentur ; incensum quoque illud,
quod à presbyteris Dominico Corpori offertur, ab ipsis eviscopo, cantori et*

OBSERVATION.

succentori [1] *et omnibus presbyteris in choro defertur: deinde à clericulis* [2] *cæteris in ordine deportetur. Notandum verò quod ad similitudinem trium Mariarum incensum hodiè ad sepulcrum ter defertur*............ etc.

Ces usages ont depuis long-temps cessé d'être pratiqués dans l'église latine. Il en existe cependant un qui a quelque analogie avec celui qui fait l'objet de ces recherches; c'est l'espèce de dialogue qui, au retour de la procession du dimanche des Rameaux, s'établit entre le célébrant et les choristes.

Le célébrant frappe à la porte principale de l'église.

Attollite portas, principes, vestras, et elevamini portæ æternales, et introibit rex gloriæ.

Les choristes.

Quis est iste rex gloriæ?

Le célébrant.

Dominus fortis et potens; Dominus potens in prælio. Attollite portas, etc.

Les choristes.

Quis est iste rex gloriæ?

Le célébrant.

Dominus fortis et potens; Dominus potens in prælio. Attollite portas, etc.

Les choristes.

Quis est iste rex gloriæ?

Le célébrant.

Dominus virtutum ipse est rex gloriæ.

On peut juger, par l'effet que produit cette belle et imposante cérémonie, du touchant intérêt que devait inspirer aux

---

1. Le second chantre. Ducange, à ce mot, cite Durand, lib. 2, Ration. cap. 2, n° 1, qui fait cette distinction entre les chantres. *Cantorum duo sunt in arte musicâ genera, præcentor scilicet et succentor.* — *Præcentor vocem præmittit in cantu; succentor canendo subsequenter respondet; concentor verò, qui consonat.*

2. Les jeunes clercs ou les enfants de chœur.

OBSERVATION.

chrétiens des onzième et douzième siècles le chant de la prose de Pâques, prose si empreinte de la simplicité des mœurs antiques, lorsque le chœur des fidèles, s'écriant avec enthousiasme:

> Scimus Christum surrexisse
> A mortuis verè,

semblait unir ses accents à ceux des apôtres et des saintes femmes.

Le chant de la Passion, alterné à trois voix, est encore un reste de ces anciens usages.

VIII.

MYSTERIUM
APPARITIONIS
D. N. JHESU CHRISTI

DUOBUS DISCIPULIS, IN EMMAÜS VICO.

PERSONÆ MYSTERII.

D. N. JHESUS CHRISTUS.
D. N. JHESUS CHRISTUS, *in similitudine peregrini.*
PRIMUS DISCIPULUS.
SECUNDUS DISCIPULUS.

SANCTÆ MULIERES. { PRIMA MARIA. SECUNDA MARIA. TERTIA MARIA.

S. THOMAS, *apostolus.*
Discipuli.
Chorus.

MYSTERIUM APPARITIONIS D. N. JHESU CHRISTI

DUOBUS DISCIPULIS, IN EMMAÜS VICO.

SANCTÆ MULIERES.

PRIMA MARIA.

Heu! miseræ! cur contigit videre mortem Salvatoris?

SECUNDA MARIA.

Heu! redemptio Israel, ut quid mortem sustinuit?

TERTIA MARIA.

Heu! consolatio nostra, ut quid taliter agere voluit?

OMNES *insimul.*

Jàm jàm ecce jàm properemus ad tumulum
Ungentes corpus sanctissimum [1].

Ad faciendam similitudinem dominicæ apparitionis, in specie peregrini, quæ fit in tertiâ feriâ Paschæ ad ves-

---

1. Rien n'indique dans le manuscrit à quoi se rapporte ce qui précède, mais c'était vraisemblablement le prologue du *Mystère de l'Apparition* qui suit immédiatement.

peras, procedant DUO, *à competenti loco, vestiti tunicis solummodò, et cappis capuciis*[1] *absconsis, ad modum chlamidis, pileos in capitibus habentes, et baculos in manibus ferentes, et cantent modicâ voce.*

> Jhesu, nostra redemptio,
> Amor et desiderium,
> *Et cæteri versus*[2].

Hæc his cantantibus, accedat quidam alius, in similitudine Domini, peram[3] *cum longâ palmâ gestans, bene ad modum peregrini paratus, pileum in capite habens, haclâ*[4] *vestitus et tunicâ, nudus pedes, latenterque eos retrò sequatur, finitisque versibus, veniat eis (dicens):*

Qui sunt hii sermones quos confertis invicem ambulantes, et estis tristes[5]? Alleluia!

---

1. Chapes avec des capuchons, à la manière des manteaux des voyageurs.
2. Ce sont les premiers vers de l'hymne de l'Ascension, à vêpres, suivant le rit romain.
3. *Pera* est ainsi défini par Cassien, en parlant des moines d'Égypte : *Ultimus est habitus eorum pellis caprina, quæ melotes vel pera appellatur, et baculus.* Ainsi *pera* aurait été une sorte de vêtement propre aux voyageurs (voyez Ducange). Ce mot ne paraît pas avoir ici le même sens, puisqu'il est dit plus bas que l'apparition était revêtue du *hacla* et de la tunique. Il faut entendre *pera* dans le sens de bourdon ou de bourse.
4. Ducange, en citant le passage même du manuscrit que nous publions, dit que le *hacla* était une sorte d'habillement, sans désigner sa forme d'une manière plus positive.
5. Luc., c. 24, v. 17.

Alter autem ex duobus, converso vultu, ad eum dicat:

Tu solus peregrinus es in Jerusalem, et non cognovisti quæ facta sunt in illâ his diebus[1]. Alleluia!

Cui PEREGRINUS :

Quæ?

AMBO DISCIPULI.

De Jesu Nazareno, qui fuit vir propheta, potens in opere et sermone coram Deo et omni populo. Quomodo tradiderunt eum summi sacerdotes et principes nostri in dampnationem mortis, et crucifixerunt eum, et super omnia tertia dies est quod hæc facta sunt[2]. Alleluia!

His dictis, PEREGRINUS, *gravi voce, quasi eos increpando, cantare incipiat:*

O stulti et tardi corde ad credendum in omnibus quæ locuti sunt prophetæ[3]! Alleluia!

Nonne sic oportuit pati Christum, et intrare in gloriam suam[4]? Alleluia!

Quo facto fingat se velle discedere; ipsi autem retineant eum et dicant:

Sol occasum expetit,
Jam hospitari expedit;
Sanè noli deserere
Nos, jam instante vespere,

---

1. Luc., v. 18.
2. Ibid., v. 19, 20 et 21.
3. Ibid., v. 25.
4. Ibid., c. 24, v. 26, avec de légères différences.

MYSTERIUM APPARITIONIS

Sed mane nobiscum, domine,
Quo satiemur plenissimè,
Quo delectemur maximè
Tui sermonis dulcedine.
Mane nobiscum,
Quùm advesperascit et inclinata est jàm dies.
Alleluia!

Sol vergens ad occasum suadet ut nostrum velis hospitium, placet enim nobis sermones tuos *audire*[1] quos confers de resurrectione magistri nostri. Alleluia!

His dictis, eant sessum in sedibus ad hoc præparatis, et afferatur eis aqua ad lavandum manus suas. Deindè mensa benè parata super quam sit positus panis inscissus[2] *et tres nebulæ*[3], *et calix cum vino. Accipiens autem* (JHESUS[4]) *panem, elevatum in altum dextrâ benedicat, frangatque singulis partibus, cantando:*

Pacem relinquo vobis, pacem meam do vobis[5].

Deindè det uni eorum calicem, et dicat:

Isti sunt sermones quos dicebam vobis, cùm essem.
Alleluia! Alleluia!

---

1. Ce mot omis dans le manuscrit a dû être suppléé.
2. Entier, non coupé.
3. Oublies (voyez Ducange, à ce mot).
4. Ce mot était omis dans le manuscrit.
5. Joan., c. 14, v. 27.

D. N. JHESU CHRISTI.

Sicut dilexit me Pater, et ego dilexi vos; manete in dilectione meâ [1].

His dictis, illis manducantibus de nebulis, ipse latenter discedat, quasi illis nescientibus. Intervallo autem parvo facto, aspicientes ad invicem, et illo non invento, inter se quasi tristes surgant, et cum relictâ mensâ quærere incipiant, et suaviter incedentes hos versus altâ voce dicant:

Nonne cor nostrum ardens erat in nobis de Jhesu, dum loqueretur nobis in viâ, et aperiret nobis scripturas [2]?

Heu miseri! ubi erat sensus noster quando intellectus abierat? Alleluia!

Venientibus in choro, CHORUS *dicat:*

Surrexit Dominus et apparuit Petro. Alleluia [3]!

Interim veniat DOMINUS *colobio* [4] *candido vestitus, cappâ rubrâ super indutus, ob signum passionis crucem auream in manu gestans, infulatus candidâ infulâ* [5], *cum aurifrisiâ, stansque in medio eorum, dicat:*

Pax vobis! Ego sum. Nolite timere [6].

---

1. Ibid., c. 15, v. 9.
2. Luc., c. 24, v. 32.
3. Ibid., v. 34.
4. Le *colobium* est ainsi défini par Ducange : « Tunica absque manicis, « vel certè cum manicis, sed brevioribus, et quæ ad cubitum vix perti- « nerent. »
5. Mitre blanche, ornée d'orfrois.
6. Luc., c. 24, v. 39.

Et chorus *dicat:*

Quis est iste qui venit de Edom, tinctis vestibus de Bosrâ[1]?

Tunc dominus :

Pax vobis!

Et chorus:

Iste formosus, in stolâ suâ gradiens, in multitudine fortitudinis suæ[2].

Et tertiò dominus :

Pax vobis!

Et chorus :

Surrexit Dominus de sepulcro,
Qui pro nobis pependit in ligno.
Alleluia! Alleluia! Alleluia!

Et dominus :

Quid turbati estis et cogitationes ascendunt in corda vestra[3]?

Solus calcavi torcular, et de gentibus non est vir mecum[4].

Et monstret manus ejus et pedes minio rubicatos.

Videte manus meas et pedes meos, quia ego ipse sum. Alleluia! Alleluia!

Palpate et videte quia spiritus carnem et ossa non habet, sicut videtis me habere, jàm credite[5].

Quæ dum cantaverit accedant discipuli, palpent ejus ma-

---

1. Isaias, c. 63.
2. Ibid.
3. Luc., c. 24, v. 38.
4. Isaias, c. 63.
5. Luc., c. 24, v. 39.

nus et pedes. Hoc peracto dicat DOMINUS *extentâ manu super illos :*

Accipite spiritum sanctum, quorum remiseritis peccata remittuntur eis. Alleluia!

Quo percantato, Dominus exiens per ostium, ex adverso chori, DISCIPULI *autem appropinquant, pedetentim incedentes, alternando hos versus :*

Adam novus veterem duxit ad astra;
Creatorem recolit jàm creatura.
Sancta Maria Jacobi cum Magdalenâ,
Et Maria Salome ferunt unguenta.
Quod dixit angelus in veste albâ :
Resurrexit Dominus, morte calcatâ;
Fracta linquens Tartara et spoliata,
Refert secum spolia victor ad astra.
Se demonstrat priscâ formâ præclarâ,
Dilectis discipulis in Galileâ.
Comes factus increpat latens in viâ;
Scripta reserat pius arcana.
Convivans agnoscitur propriâ formâ.
Panis reddit fractio lumina clara.
  Sibi laus et gloria!

Intereà veniat quidam in similitudine Thomæ, vestitus tunicâ et chlamide serico[1], *baculum in manu habens et pileum aptum*[2] *in capite, cui* DISCIPULI :

  Thomas, vidimus Dominum.

1. Le *chlamis* était une sorte de casaque militaire ou de manteau. On lit *gerico* dans le manuscrit; c'est une erreur évidente.
2. *Aptum*. On lit ainsi sur le manuscrit; il fallait peut-être *aper-*

THOMAS.

Nisi videro in manibus ejus fixuram clavorum, et mittam manum meam in latus ejus, non credam.

Interim veniat DOMINUS *colobio candido et cappâ rubrâ vestitus, coronam gestans in capite ex amicto*[1] *et phylacteriis*[2] *compositam, crucem auream cum vexillo in dextrâ, textum evangelii habens in sinistrâ, qui dùm chorum intraverit dicat :*

Pax vobis !

CHORUS.

Benedictus qui venit in nomine Domini ! Dominus et illuxit nobis.

DOMINUS.

Pax vobis ! Ego sum ; nolite timere vos.

CHORUS.

Hæc est dies quam fecit Dominus ; exultemus et lætemur in eâ[3].

Deinde DOMINUS *dicat ad Thomam :*

Thoma, fer digitum tuum hùc, et vide manus meas.

Et monstret vulnera dicens :

Mitte manum tuam et cognosce loca clavorum ; Alleluia !

---

tam. Le copiste a pu omettre la ligne transversale sur la queue du *p*, signe de l'abréviation.

1. L'amict, linge de forme carrée dont le prêtre revêtu de l'aube s'enveloppait autrefois la tête. Aujourd'hui l'amict reste ordinairement étendu sur les épaules et sous l'aube.

2. Les phylactères, en hébreu, *Thephillim*, étaient des bandes de parchemin sur lesquelles les Juifs écrivaient des passages de l'Écriture. Il y en avait pour le front et pour le bras, mais leur forme était différente. (Voyez l'introduction à l'Écriture-Sainte du P. Lamy, page 222.)

3. Ps. 117, v. 24.

Et noli esse incredulus sed fidelis. Alleluia!

Palpatis autem à THOMA *cicatricibus Domini, procidat ad pedes ejus, dicens:*

Dominus meus, et Deus meus!

Tunc DOMINUS*:*

Quia vidisti me, Thoma, credidisti; beati qui non viderunt et crediderunt! Alleluia [1]!

Data est mihi omnis potestas in cœlo et in terrâ. Alleluia [2]!

Non vos relinquam orphanos. Alleluia [3]!

Vado et venio ad vos. Alleluia [4]!

Et gaudebit cor vestrum. Alleluia [5]!

Euntes in mundum universum, prædicate evangelium omni creaturæ. Alleluia [6]!

Qui crediderit et baptisatus fuerit, salvus erit. Alleluia [7]!

Tuncque DISCIPULI *accedentes ducant eum per chorum ut videatur à populo, cantantes:*

Salve festa dies..., etc. [8].

---

1. Joan., xx, 29.
2. Matth., xxviii, 18.
3. Joan., xiv, 18.
4. Ibid., 28.
5. Joan., xvi, 22.
6. Marc., xvi, 15.
7. Ibid., 16.
8. Ces trois mots sont les premiers d'une hymne, ou *litanie*, qu'on chantait à Rome à la procession de Pâques, lorsque le pape allait à Sainte-Marie-Majeure, selon l'*Ordo Romanus*, publié par Melchior Hittorp et par Mabillon, ainsi que dans différentes églises de France et même

d'Allemagne, suivant dom Martin Gerbert, abbé de Saint-Blaise dans la Forêt-Noire. (*Monumenta veteris liturgiæ alemannicæ*, tome II; page 88) et, suivant Josse Clichton, (*Elucidatorium ecclesiasticum*; Paris, 1540, in-folio, feuillet 34). Nous avons trouvé cette pièce dans la copie du manuscrit de Sens, indiquée plus haut, page 165. Elle est extraite d'un poëme plus étendu sur la solennité de Pâques, ouvrage de Fortunat, qui a été attribué à Lactance; il a subi, dans le Rituel de Sens, de telles altérations que plusieurs passages en sont devenus inintelligibles. Nous allons donner ici cette hymne, rectifiée d'après l'édition de Lactance, de Lenglet Dufresnoi, Paris, 1748, t. II, p. 270. Les numéros placés à la gauche des vers indiquent leur ordre dans cette édition; quelquefois nous avons conservé la leçon du manuscrit de Sens, quand elle nous a paru devoir être préférée à celle de Lenglet Dufresnoi.

In die Paschæ, ad processionem, dictis antiphonis, duo canonici incipiunt letaniam, eundo ad stationem, ut sequitur:

39.	Salve, festa dies, toto venerabilis ævo,
40.	Quà Deus infernum vicit et astra tenet.
31.	Ecce renascentis testatur gratia mundi
32.	Omnia cum Domino dona redisse suo.
1.	Tempora florigero rutilant distincta sereno
2.	Et majore poli lumine porta patet.
33.	Namque triumphanti post tristia tartara Christo
34.	Undique fronde nemus, gramina flore favent.
35.	Legibus inferni oppressis, super astra meantem
36.	Laudant ritè Deum lux, polus, arva, fretum.
37.	Qui crucifixus erat, Deus ecce per omnia regnat,
38.	Dantque creatori cuncta creata precem.
41.	Nobilitas anni, mensium decus, aura dierum,
42.	Horarum splendor, sæcula cuncta fovens;
55.	Qui genus humanum cernens mersum esse profundo,
56.	Ut hominem eriperes, es quoque factus homo.
59.	Funeris exequias pateris vitæ auctor et orbis,
60.	Intras mortis iter dando salutis opem;
65.	Pollicitam sed redde fidem, precor, alma potestas,
66.	Tertia lux rediit: surge, sepulte meus.
73.	Solve catenatas inferni carceris umbras.
76.	Redde diem qui nos te moriente fugit.
81.	Eripis innumerum populum de carcere mortis,
82.	Et sequitur liber, quò suus author abis.
85.	Hinc tumulum repetens, post tartara, carne resumptâ,

86.	Belliger ad cœlos ampla trophæa refers,
5.	Armatus radiis, elementa liquentia lustrans,
6.	Hâc in nocte brevi tendit in orbe diem;
7.	Splendida sincerum prodierunt æthera vultum,
8.	Lætitiamque suam sydera clara probant.
9.	Terra gaudens vario fundit munuscula fœtu,
10.	Cum benè vernales reddit et annus opes.
11.	Mollia purpureum pingunt violaria campum:
12.	Prata virent herbis, et micat herba comis.
13.	Paulatim subeunt stellantia lumina florum:
14.	Floribus arrident gramina cuncta suis.
21.	Tempore sub hyemis foliorum crine revulso
22.	Jam reparat viridans frondes tecta nemus.
23.	Mista salix, abies, corylus, siler, ulmus, acer, nux,
24.	Plaudit quæque suis arbor amœna comis.
47.	Christe, salus rerum, bone conditor atque redemptor,
48.	Unica progenies ex deitate patris,
51.	AEqualis, consors, socius, cum patre coævus,
52.	Quo sumpsit mundus principe principium.
61.	Tristia cesserunt infernæ vincula legis
62.	Expavitque chaos luminis ore premi;
63.	Depereunt tenebræ Christi fulgore fugatæ:
64.	AEternæ noctis pallia crassa cadunt.
67.	Non decet ut vili tumulo tua membra tegantur,
68.	Nec pretium mundi vilia saxa premant.
69.	Indignum est, cujus clauduntur cuncta pugillo,
70.	Ut tegat inclusum rupe vetante lapis.
71.	Lintea tolle, precor; sudaria linque sepulcro;
72.	Tu satis es nobis, et sine te nihil est.
75.	Redde tuam faciem, videant ut sæcula lumen;
76.	Redde diem qui nos, te moriente, fugit.
83.	Evomit absorptam pavidè fera bellua plebem,
84.	Et de fauce lupi subtrahit agnus oves.
89.	Rex sacer, ecce tui radiat pars magna triumphi,
90.	Cum puras animas sacra lavacra beant.
93.	Fulgentes animas vestis quoque candida signat,
94.	Et grege de niveo gaudia pastor habet.
97.	Ad meliora trahens gentili errore vagantes
98.	Bestia ne raperet, munit ovile Dei.
109.	Una corona tibi detur et tribuatur ab alto,
110.	Altera de populo veniet adepta tuo.

Hæc est clara dies, clararum clara dierum[1],
Hæc est sancta dies sanctarum sancta dierum.
Nobile nobilium rutilat diadema dierum.
Eccè dies toto rutilat festivior anno,
Quà Deus omnipotens, superatà morte, resurgens,
Traxit ab inferis captorum mille cavernis.

On ne chantait à Rome, à la procession de Pâques de Sainte-Marie-Majeure, que les treize premiers distiques de l'hymne qui précède; mais, après chaque distique, on répétait le *Salve, festa dies*, etc. Voyez l'*Ordo Romanus* de Hittorp, Cologne, 1568, in-folio, page 78.

1. Ces six derniers vers ne sont point dans Fortunat. La contexture des trois premiers indique suffisamment la barbarie de leur origine.

SIC FINITUR.

IX.

MYSTERIUM
CONVERSIONIS
BEATI PAULI,
APOSTOLI.

PERSONÆ MYSTERII.

D. N. JHESUS CHRISTUS.
SAULUS.
PRINCEPS SACERDOTUM.
PRINCEPS SINAGOGÆ DAMASCI.
ANANIAS.
APOSTOLI.
CHRISTIANI.
MINISTRI ARMATI.

MYSTERIUM
CONVERSIONIS
BEATI PAULI,
APOSTOLI.

Ad repræsentandam Conversionem beati Pauli, apostoli, paretur in competenti loco, quasi Jerusalem, quædam sedes, et super eam princeps sacerdotum. Paretur et alia sedes et super eam juvenis quidam, in similitudinem Sauli, habeatque secum ministros armatos. Ex aliâ vero parte, aliquantulùm longè ab his sedibus, sint paratæ quasi in Damasco duæ sedes, in alterâ quarum sedeat vir quidam nomine Judas, et in alterâ princeps sinagogæ Damasci, et inter has duas sedes sit paratus lectus in quo jaceat vir quidam in similitudine Ananiæ.

His ità paratis, dicat SAULUS *ministris suis:*

>Propalare vobis non valeo
>Quam ingenti michi sint odio
>Christicolæ, qui per fallaciam,
>Totam istam seducunt patriam.

Ite ergò, ne tardaveritis,
Et quoscunque tales poteritis
Invenire, vi comprehendite,
Comprehensos vinctos adducite.

Hoc audientes, MINISTRI *abeant, et cùm redierint duos sumptos ad dominum suum conducant, dicentes:*

Christicolas multos invenimus,
Et ex illis *hos*[1] retinuimus;
In Damascum fugerunt alii
Seductores hujus consortii.

Tunc SAULUS *quasi iratus surgat, et ad principem sacerdotum eat, cùmque ad eum veniat, dicat:*

Vestræ mihi dentur epistolæ
In Damascum, ubi Christicolæ,
Blandis verbis suæ fallaciæ,
Gentem hujus seducunt patriæ.

Tunc PRINCEPS SACERDOTUM *det ei aliquid breve sigillatum, et dicat:*

Trado vobis meas epistolas
In Damascum contra Christicolas;
Evadere, ne dimiseritis
Christicolas quos invenietis.

Tunc VOX, *ex alto*[2]:

Saule! Saule! quid me persequeris?

---

1. Ce mot manque dans le manuscrit.
2. Cette indication a été omise dans le manuscrit.

BEATI PAULI, APOSTOLI.

Vidi mala quæ meis feceris;
Quem dilexi cur noces populo?
Recalcitres nequaquàm stimulo.

Hoc audito, Saulus, quasi semi-mortuus, in terram cadat, et jàm non cadens[1]*, dicat:*

Quid sic faris? Quis es tu Domine?
Cur me meo privasti lumine?
Quando tuum afflixi populum?
Quis es? et quid tibi vocabulum?

DOMINUS.

Jhesus vocor quem tu persequeris,
Cujus sæpè servos afflixeris;
Surgens tamen urbem ingredere,
Et audies quid debes facere.

Tunc resurgat Saulus, cùmque homines sui viderint eum excœcatum, apprœhendant eum et ducant in Damascum ad domum Judœ. Tunc veniat DOMINUS *ad Ananiam et dicat:*

Anania! surge quàm properè
Atque Judæ domum ingredere.
Te expectat vir Saulus nomine;
Dices ei quæ debet facere.

ANANIAS.

De hoc Saulo audivi plurima;
Fecit tuis mala quàm maxima,

---

1. Après sa chute.

MYSTERIUM CONVERSIONIS

Si quem videt qui tibi serviat
Sæpiùs furit ut eum destruat.

Hic principis habet epistolas
Ut occidat omnes Christicolas.
His de causis hunc Saulum timeo;
Ad hunc Saulum ire non audeo.

Item DOMINUS.

Anania! surge velociter;
Quære Saulum fiducialiter.
Ecce enim orat ut venias,
Et ut eum videre facias.

Hunc elegi meo servitio.
Hunc elegi pro consortio.
Hunc elegi ut de me prædicet,
Et nomen meum clarificet.

Tunc surgens ANANIAS *domum Judæ introeat, et cùm viderit Saulum dicat:*

Ad te, Saule, me misit Dominus
Jesus Christus, patris excelsi filius,
Qui in viâ tibi apparuit.
Ut venirem ad te me monuit.

Prædicabis coram principibus
Nomen ejus, et coram gentibus;
Ut sis civis cœlestis patriæ
Multa feres pro Christi nomine.

BEATI PAULI, APOSTOLI.

Tunc surgat SAULUS, *et quasi jam credens et prædicans, altâ voce dicat:*

> Cur, Judei, non resipiscitis?
> Veritati cur contradicitis?
> Cur negatis Mariam virginem
> Peperisse Deum et hominem.

> Jhesus-Christus, Mariæ filius,
> Et Deus est et homo carneus,
> Deitatem à patre retinens,
> Et à matre carnem suscipiens.

Hæc audiens, PRINCEPS *sinagogæ Damasci, ministris suis armatis dicat:*

> Custodite urbis introïtus,
> Conservate viarum exitus,
> Et quàm citò Saulum videritis,
> Mortem ei ne distuleritis.

Tunc ministri eant et quærant Saulum, quo comperto, Saulus cum discipulis suis, in sportâ, ab aliquo alto loco, quasi à muro, ad terram demittatur. Cùm autem venerit in Jherusalem, occurrat ei vir unus, in similitudine BARNABÆ, *qui cùm viderit Saulum ei dicat:*

> Te elegit Mariæ filius
> Ut sis fratrum nostrorum socius.
> Nunc ut laudes nobiscum Dominum,
> Veni, vide nostrum collegium.

MYSTERIUM CONVERSIONIS, etc.

Ad Apostolos.

Gaudeamus, fratres, in Domino;
Collætemur de tanto socio.
Qui nunc erat lupus sævissimus,
Nunc est agnus mansuetissimus.

OMNES APOSTOLI *incipiunt:*

Te Deum laudamus, etc.

SIC FINITUR.

X.

MIRACULUM
RESURRECTIONIS
B. LAZARI.

PERSONAE MIRACULI.

JESUS CHRISTUS.
SIMON.
MARIA MAGDALENA.
MARIA,
MARTHA, } *sorores Lazari.*
LAZARUS.
DISCIPULI.
JUDEI.
NUNTII.

MIRACULUM
RESURRECTIONIS
B. LAZARI.

Incipiunt versus de resurrectione Lazari.

In primis adducatur Simon cum quibusdam Judeorum, et resideat in domum suam. Post hæc veniat Jhesus-Christus in plateam, cum discipulis cantantibus:

> In sapientiâ disponens omnia, etc. [1].

> *Vel*

> Manè prima sabbati, etc. [2].

Et tunc veniat SIMON *ad Jhesum, invitans eum in domum suam, dicens:*

> Per immunditiam meæ carnis,
> Tuam potentiam declarare
> Tu dignare.

> Nobis optatum dones gaudium,

[1]. Lib. Sapientiæ, xv, 1. — 2. Marc., xvi.

Et digneris nostrum hospitium
Subintrare.

JHESUS *dicat ad discipulos :*

Audit, fratres, vestra dilectio,
Quid amici petat devotio ;
Audiatur.

Subintremus ejus hospitium,
Atque suum jàm desiderium
Compleatur.

Tunc Simon inducat Jesum in domum suam, et positâ mensâ, veniat Maria in habitu per plateam meretricio, et cadat ad pedes Domini. Undè Simon indignans secum suaviter dicat : Si hic homo esset a Deo, etc. (*Require in evangelio*[1].) *Tunc* JHESUS *dicat ei :*

Loqui tecum, ô Simon, habeo,
Namque tuos aperte video
Cogitatus.

SIMON.

Nunc magister quod placet loquere ;
Auscultando quidquid vis dicere
Sum paratus.

JHESUS.

Debitores vir duos habuit,
Alter minùs, alter plus debuit
Creditori.

---

1. Luc., VII, 39.

B. LAZARI.

Non valenti referre creditum,
Condonavit utrique debitum
  Debitori.

Nunc demonstret tuum judicium
Quis hunc virum debet debentium
  Plus amare?

SIMON.

Credo causam majorem habuit
Diligendi vir qui plus debuit,
  Doctor care!

JHESUS.

Æquus judex fuisti nimiùm;
Istud tuum, Simon, judicium
  Ne quid frangi.

Tecum dicis si hanc mulierem
Cognovissem, me non permitterem
  Ab hac tangi.

Hospes meus in hoc hospitio,
Pedes aquâ, vel caput oleo,
  Non suffudit.

Pedes meos rigavit lacrymis,
Caput meum unguentis optimis,
  Hæc perfudit.

MIRACULUM RESURRECTIONIS

Tunc dicat JHESUS *ad Mariam.*

Dilexisti multùm, ô femina !
Tui fletus, tua peccamina
    Diluerunt.

Illud enim oris confessio,
Atque illa cordis compunctio
    Meruerunt.

His factis, surgat Maria et ibi resideat. Tunc Jhesus cum discipulis indè discedat, et abeat quasi in Galileam, et sit præparatus quidam locus ubi resideat. Postea recedant Judei in quemdam alium locum, quasi in Jerusalem, ut indè in competenti loco veniat (Jesus) *consolari duas sorores. Domus verò ipsius Simonis ipso remoto, efficiatur quasi Bethania, et tunc adducatur Martha. Lazarus autem incipiat infirmari, quo infirmante dicat*

MARTHA.

Cara soror, hunc miserabilem
Esse reor immedicabilem
    Morbum fratris.

Ut germano reddatur sanitas,
Est oranda summa benignitas
    Nostri patris.

Ipse solus nostra protectio,
Nostra solus est consolatio,
    Sed nunc abest ;

B. LAZARI.

Abest quidem, sed corporaliter,
Qui ubiquè potentialiter
 Præsens adest.

 MARIA *respondeat :*

Transmittamus ei jàm nuntium,
Et rogemus ei auxilium,
 Et dabitur.

Si resciscat hæc infortunia,
Mox per ipsum nostra tristitia
 Sedabitur.

Quamvis eum nil prorsus lateat,
Nostrum tamen legatum videat
 Actualem,

Qui imploret ejus clementiam,
Nobis suam monstret præsentiam
 Corporalem.

 MARIA *loquitur ad nuntios sic :*

Hinc ad Jhesum, legati, pergite,
Et præsenti præsentes dicite
 Hoc mandatum.

Nos rogamus ut nos exaudiat,
Et germanum sanare veniat
 Infirmatum.

Per vos noscat quantà tristitià

Sit repleta sua familia,
Pater bonus.

Ut virtute suæ potentiæ
Jàm recedat tantæ tristitiæ
Tantum onus.

NUNTII, *ad Jhesum:*

Ave, Jhesu, redemptor omnium!
Ad te quoddam portamus nuntium,
Et hoc audi.

Anularum dolorem respice
Et earum jàm vota suscipe
Et exaudi.

Harum frater jacet in lectulo,
Magno morbi constrictus vinculo;
Sed solvatur.

Te præsentem eis exhibeas,
Atque morbum abire jubeas;
Hoc rogatur.

JHESUS, *ad nuncios:*

Ibo quidem, sed nondùm tempus est,
Hic nequaquàm ad mortem morbus est,
Sat evadet.

B. LAZARI.

Cùm ægroto dabo remedium,
Admirandus stupor astantium
 Cor invadet.

Ad discipulos :

Quod sit æger propter vos gaudeo,
Quos tàm diù esse condoleo
 Non credentes.

Jàm jàm vestri cordis duritiam
Deponetis, Christi potentiam
 Admirantes.

JUDEI, *venientes consolari sorores, in itinere dicant :*

Jàm Mariam et Martham, pariter
Conquerentes, lamentabiliter
 Adeamus.

Et dolori fratrem mœrentium,
Juxtà nostrum posse, solatium
 Conferamus.

Jàm præsentibus Judeis et moriente Lazaro, dicant
MARIA *et* MARTHA.

Jàm moratur et plus quàm nimiùm
Ille qui est solus refugium
 Nostræ spei.

Heu! heu! frustrà hunc expectavimus;
Quod sanetur non esse cernimus
 Velle Dei.

MIRACULUM RESURRECTIONIS

Ecce noster germanus moritur,
Jàm fraternum corpus dissolvitur
    Lege mortis.

Miserarum hîc vicem gerimus,
Cùm tam gravem excessum cernimus
    Diræ sortis.

Care frater, frater carissime !
Legem mortis jàm passus pessimè,
    Nos liquisti.

Propter primi peccatum hominis,
Generalis tormentum criminis
    Jàm sensisti.

    JUDEI, *consolantes, dicant :*

Non vos sternat hoc infortunium ;
Inter tantos casus solatium
    Est habendum.

Hac de causâ vobis congemimus,
Sed defunctum non esse credimus
    Sic deflendum.

Moriemur et nos similiter ;
Omnes gentes aduncat pariter
    Mortis hamus[1].

---

1. Le *hameçon*.

B. LAZARI.

Tali lege intramus sæculum,
Ut quandoque carnis ergastulum [1]
  Exeamus.

Pro dilecti fratris interitu
Ne ploretis, in ejus exitu
  Est gaudendum.

Liberatus multis suppliciis,
Jàm evasit quod restat aliis
  Patiendum.

  Iterùm SORORES.

Quam lugubres et mœstas
Hodiè nos relinquis, frater egregie !
  Ne quid dici.

Crebros in nos assultus facient,
Bona nostra nobis subripient
  Inimici.

Care frater, dilecte Lazare !
Nostro cœtu jàm facto dispare
  Te deflemus.

Morti quæ te nobis subripuit,
Nec nos tecum mori sustinuit,
  Invidemus.

1. Prison où l'on retenait les esclaves enchaînés.

MIRACULUM RESURRECTIONIS

Iterùm JUDEI.

Si jàm contrà assultus hostium
Vobis ferre desistat clipeum
    Vester frater,

Non vos linquit sine consilio,
Imò vestra fiet protectio
    Summus pater.

Satis scitis sic Deo placuit;
Ipse vestrum germanum voluit
    Sic obire.

Voluntati sive potentiæ,
Prohibetur nostræ miseriæ
    Contrà ire.

Est rogandum nobis humillimè
Ut germani donetur animæ
    Vera dies.

Sit in cœli locatus solio,
Ubi semper est exultatio
    Atque quies.

Intereà JHESUS *promoveat se ad iter, et dicat discipulis:*

In Judeam eamus rursùm,
Dormientem à sompno Lazarum
    Excitemus:

Et sorores ejus doloribus

B. LAZARI.

Deprensas et multis fletibus
    Confortemus.

    DISCIPULI *ad Jhesum.*

In Judeam quare vis tendere?
Ut te perdant sat noscis quærere
    Te Judeos.

Anne placet ut hii et alii
Gratulentur se homicidii
    Esse reos?

    JHESUS *ad illos.*

Non est vestrum me redarguere;
Imò vestrum est acquiescere
    Verbis meis.

Virtus Dei quà adhuc tegitur
Per Judeos manifestabitur
    In Judeos.

    THOMAS.

Insequamur ejus vestigia;
Adimpleri sua consilia
    Permittamus.

Festinemus cum eo pergere
In Judeam, et ibi vivere
    Desistamus.

MIRACULUM RESURRECTIONIS

Jhesu adveniente, QUIDAM EX NUNCIIS *percurrens dicat Marthœ :*

> Eccè vestrum adventat gaudium,
> Eccè venit salvator gentium ;
> Expectamus.
>
> Jàm jàm vester dolor sedabitur,
> Et per eum jàm liberabitur
> Infirmatus.

Tunc MARTHA *occurrens Jhesum, procidat ad pedes ejus et dicat :*

> Quem mors ausa fuit invadere,
> Si hîc esses nunc scirem vivere
> Fratrem meum.
>
> Tuam enim virtutem noscimus[1],
> Et te corde perfecto credimus
> Esse Deum.
>
> Sed et scimus quicquid poposceris,
> Imò quicquid esse volueris,
> Dabit Deus.
>
> Si sic velis enim percipere,
> A defunctis potest resurgere
> Frater meus.

---

1. On lit *nescimus* au manuscrit, par une erreur évidente de l'ancien copiste.

B. LAZARI.

JHESUS, *ad illam:*

Ne desperes fratrem resurgere,
Illum debes et potes credere
    Surrecturum.

Nullum scias qui in me credere,
Atque mihi vult acquiescere,
    Moriturum.

MARTHA.

Hoc in meo fixum est animo,
Quod resurget die novissimo,
    Die illâ,

Quà supremum fiet judicium,
In quo caro resurget gentium
    Ex favillâ.

JHESUS.

Ego vestra sum resurrectio;
Nulla potest hos desperatio
    Subintrare,

Quibus cura cum summo studio
Patris mei sese servitio
    Prorsùs dare.

Vade, voca Mariam concitò,
Ad sepulcrum post me deducito
    Tui fratris.

> Fiet enim manifestissima,
> Coràm multis, virtus altissima
> Mei patris.

Tunc veniens Martha ad sororem, susurret ei in aure: Magister te vocat. *Mariâ tacitè à domo egrediente, dicant* JUDEI:

> Sunt commota Mariæ viscera;
> Causâ flendi petit hæc misera,
> Monumentum.

> Non debemus illam permittere,
> Tanto fletu, tantum incurrere
> Detrimentum.

Hoc dicentes Judei sequentur eam; ipsa vero corruens multotiès ad pedes Domini dicat:

> Pietatis fons clementissime,
> Contristatæ nostræ sunt animæ,
> Fratris causâ.

> Te absente, mors hùc accedere
> Atque fratrem nostrum obruere
> Fuit causa.

> Miserere nostri te petimus;
> A te solo nos expectavimus
> Confortari.

> Miserere jàm nostrûm omnium;
> Miserere cujus est proprium
> Consolari.

B. LAZARI.

JHESUS, *fremens et lacrimans in se, dicat:*

    Ad sepulcrum me jàm deducite,
    Atque mihi locum ostendite
        Sepulturæ.

    Jàm me movet vestra miseria,
    Jàm me movent vestra suspiria,
        Vestræ curæ.

Tunc quidam de Judeis circumstantibus, quasi admirando, dicat:

    Hic qui cæci lumina aperuit,
    Nonne mortem demere potuit
        Ab ægroto?

    Hic qui gentes ad preces instituit,
    Cur sororum abesse voluit
        Pio voto?

JHESUS *intrans in monumentum, dicat:*

    Velox hujus saxi remotio,
    Et speluncæ fiat operatio
        Sine morâ:

    Quod debetis miranda cernere,
    Atque Dei nomen extollere,
        Hac in horâ.

MARTHA.

Per bis duos dies jàm jacuit;

MIRACULUM RESURRECTIONIS

    Dat fœtorem caro quæ putruit
        Tumulati.

JHESUS.

Ne desperes, videbitis gloriam
Dei patris, atque potentiam
    Sui nati.

JHESUS, *elevatis oculis in cœlum, sic oret et dicat.*

    Deus, cujus virtus et filius
    Æternalis, non temporaneus,
        Credor esse;

    Tuum natum ut honorifices,
    Atque meum nomen glorifices
        Est necesse.

Ad Lazarum :

Tibi dico jàm voce publicâ :
Exi foràs atque lætifica
    Cor parentum.

Tu sis dolor insidiantibus,
Atque certum sis dubitantibus
    Argumentum.

Jàm Lazaro sedente, dicat ministris :

Suscitatum confestim solvite,
Et solutum abire sinite.
    Quid stupetis?

Omne Deo esse possibile,
Per hoc patet satis credibile
 Quod videtis.

CHORUS.

Te Deum laudamus, etc.

SIC FINITUR.

LA VIE

MONSIGNOUR SAINT NICHOLAI,

TIRÉE D'UN MANUSCRIT SUR PEAU VÉLIN,
ORNÉ DE MINIATURES ET DE LETTRES TOURNEURES,
DE LA FIN DU XIIIe SIÈCLE,
CONSERVÉ A LA BIBLIOTHÈQUE DU ROI, SOUS LE N° 7023,
IN-FOLIO, ANCIEN FONDS.

LA VIE

MONSIGNOUR SAINT NICHOLAI.

Toute créature humaine, qui fianche a en nostre signor et créanche, doit volentiers oïr et entendre les œvres et les vies des sains; car il est raisons et droiture que qui ot le bien il i prenge example, et pour çou voel-jo conter le vie mon signour saint Nicholai, cui clerc et chevalier et dames et puceles et marcheant reclaiment, si com drois est, à leur besogne; que aucun bien en retiegnent cil qui l'orront conter et dire; car nus ne puet de bien trop savoir, si com les escritures content, et de mal ne set nus si petit qu'il ne multeplit à trop grant desmesure.

Mes sire sains Nicholais fu nés de haute lignié de la cité de Pathere[1], qui chà en arriere fu de grande renomée et de grant gent puplée, mais par les peciés des gens, par coi les coses amenuisent, est-ele si amenuisié que molt poi de gent i habitent. En cele cité

---

1. *Patère*, autrefois *Patara*, ancienne ville de Lycie, située près de la mer, à l'embouchure du Xanthe, ou Scamandre. Elle a été le siége d'un évêché suffragant de l'archevêché de Myre. La *Légende dorée* fait naître saint Nicolas à Patras, ville de Morée.

manoient li peres et li mere mon signor saint Nicholai, qui entre les haus homes et les riches estoient honoré; mais il amerent miels le celestiel loenge à aquerre que la terriene. Et encor fuscent-il molt riche de très grant avoir et de grans possessions, il ne tendoient mie as honors de cest siecle, ne à grans segnories; mais del tout entendoient à mener sainte vie, et mervelle fu k'en la premiere flor de lour jovente, quant il orent cel premerain fil, renuncierent-il à tous delis; n'il ne voloient avoir plus d'iretiers qui tenist lor ricoises, et pour çou prioient-il à nostre signor qu'il l'aornast de boines mors, et de boines coustumes. Nostre sires entendi del ciel lor veus et lor proieres, et si lor demostra molt tempre quex li enfès seroit quant il venroit en eage; car tresdont que li enfès gisoit en berch, et la mere l'alaitoit, commença-il à jeuner deus jors en la semaine, le demerques et le devenres; ne il n'alaitoit cascun de ces jors c'une fois, et atant s'en abstenoit; et c'estoit grans mervelle quant enfès s'astenoit d'alaitier la mamele de sa mere en tel maniere. Et quant il commença à croistre et il fu teus que il péut aler, il fu de si boines coustumes c'onques et de si boines ne fu nus jouenenciaus. N'il ne demena mie teus jolivetés, ne teus enfances com ses engiens[1] déust demener, ains aloit avec son pere et avec sa mere al mostier, si escoltoit et retenoit les saintes paroles des saintes escritures qu'il ooit conter et dire.

Issi estoit li boins enfès espris dedens son cuer des

1. Comme son esprit.

œvres nostre signeur et de sa grasse. Il ala à l'escole, et quant il tint les ricoises en sa main et les possessions, li parole li venoit molt sovent en sa pensé que nostre sires dist en l'Euvangile, qui dist : « Qui ne deguerpira « toutes les coses terrienes qu'il tient, il ne puet estre « mes disciples, » et là ù il pensoit à ces coses faire, il cremoit que la vaine glore de cest monde ne li fust grevable et nuisans ; por çou prioit-il à nostre signeur à cui il descolvroit toute sa coulvreture, que si com il avoit sor tote rien poisçance, li donast-il aspirer et consillier si que s'uevre li péust plaire.

Là où li bons enfés se porpensoit en tel maniere, il avint que uns siens voisins, qui jadis ot esté molt riches hom, chaï en si grande povreté et en si grant besoigne que il n'avoit nule rien dont il péust maintenir sa vie, et il avoit trois molt beles filles, qui virges estoient, que haut home ne voloient prendre en mariage por le grant povreté qu'eles sostenoient. Li preudom, cui povreté et besoigne destraignoit, dist à ses filles qu'eles alaiscent gaaignier à lor cors dont il et eles péuscent vivre. Che fu grans duels, ce poés vous croire, quant eles s'apareslierent al bordel par destrece de povreté. Li renoméc en ala tantost par la cité, si que sains Nicolais l'entendi ; si se dolut molt dou caitif home qui ses filles voloit delivrer à tel hontage. Adont se pensa li jouenenciaus qu'il raempliroit de ses ricoises les besoignes des puceles, qui nées estoient de haute lignié, pour çou qu'eles estoient vallans, et qu'eles ne fuscent entheciés de pechiet, ne de vilonie de si vilain mestier, à coi les voloit metre et envoier lor caitis perc.

Li sains hom pensoit comment ceste œvre porroit estre faite, si que nus ne le séust, fors nostre sires Jhésucris, car il le voloit si faire que cil meismes à cui il le feroit ne séuscent qui il fust, ne ne le conéuscent. Tant atendi que la nuis fu venue. Adont prist une grant masse d'or, puis le loia u pan de sa chemise, et ala à le maison des damoiseles, qui grant duel demenoient, por çou qu'eles devoient lor cors livrer à hontage. Li sains damoisiaus regarda tout entor la maison et vit une fenestrele olverte, si jeta par la luor l'or en la cambre que il tout coiement aportoit, et puis s'en retorna isnelement arriere, qu'il ne fust perchéus. Issi trespassa cele nuit des-si-à la matinée que li solaus fu esclarcis. Dont se leva li povres hom de son lit et trova l'or dont il ot molt grant joie. Et bien saciés qu'il n'est nus qui péust conter ne dire le grant joie qu'il avoit, ne les grans grasses qu'il rendoit à nostre signor, ne les grans loenges, et entre sa grant loenge fist-il s'orison à nostre signor. « Biaus sire, par cui
« totes poestes sunt, et par cui toutes créatures sunt
« faites et establies, et qui conois toutes coses, jo te
« pri que tu daignes demostrer à moi pecheour, par ta
« grant dolçor qui cil est qui tant m'a (*fait*) de bien
« en ceste mortel vie. Por çou le requier-jo, biaus sire,
« que jo ne li mesface en aucune maniere, et que jo
« reconoisce ton sergant qui a conversation d'angle
« entre les homes, et que jo loece ton saintime non

« qui béneis est el siecle des siecles. » Che prioit-il à
nostre signor, et si disoit qu'il ne dormiroit, ne ne re-
poseroit tant qu'il li aroit mostré son serf qui l'avoit
jeté de si grant misère.

Dont commença cil hom tant à gaitier que sains Ni-
cholais, li boins jouenenciaus si revint à la tierce fois,
si regarda lors dedans le maison, par la fenestre, et li
peres as trois damoiseles sailli sus, quant il oï du da-
moisel la noise, qui jà s'en refuioit; et cil le regarda,
puis commença à crier et à dire : « Tu qui là t'en vas,
« atent; » et quant il ot ço dit, il corut après isnelement
et reconut saint Nicholai qui l'atendoit. Maintenant se
laisça chaoir à ses piés, et li vaut baisier par molt
grant dolçour, mais li sains hom, qui estoit pius et
humles, né li soffrit mie, ains l'arraisna briement et li
dist que à nul home il ne desist ço que il avoit fait, car
li sains hom ne voloit mie aquerre le loenge du monde.
Issi se departi du boin home cui il avoit joie rendue[1].
Et avec çou departoit-il le sien et donnoit à la povre
gent por l'amour de nostre signour, et li peres as da-
moiseles, qui par le saint home fu rescous et jetés de
povreté et de peciet et de vilaine renomée, maria molt
richement ses filles selonc lour noblece; et por chou
doit-on encore avoir grant fiance en saint Nicolai,
meismement toutes les puceles descousilliées.

Quant ce fu fait et avenu si com jo vous ai conté,

---

1. Ce trait fait le sujet du premier miracle tiré du manuscrit de
l'abbaye de Saint-Benoit. (Voyez plus haut, page 89.)

sains Nicolais, li boins jouenenciaus menoit molt
sainte vie, car il abandonoit du tot son cuer et son
cors à boines œvres faire. Il avint que li archevesques
de Myrre trespassa de cest siecle, qui molt estoit boins
hom et relegieus et menoit sainte vie. Si s'assamblerent
tot li voisin et li clerc de la contrée por faire election,
et molt proierent nostre signor qu'il lor envoit uns
preudome. Entr'eus avoit uns evesques de grant auc-
torité à cui li affaires pendoit, si que cil cui il elliroit
tot li autre s'i acorderoient; issi l'éurent entrepris, car
il savoient celui preudomme et relegieus, et li evesques,
qui de tot son pooir entendoit par droit à bien faire,
proia tous çaus qui là estoient assamblé en l'église,
qu'il se mesiscent à orisons envers nostre signor, cui il
volroit ellire à maintenir et à garder l'evesquié : dont
fisent-il si com li evesques lor avoit amonesté, et
proient nostre signor de tous lor cuers qu'il volsist
demostrer tel pastour qui fust dignes de governer
l'evesquié. Issi com il faisoient sor çou lour orisons
par grant devotion, li vesques sor cui li elections estoit
mise oï le vois du ciel qui li dist qu'il issist fors et
estéust à l'entrée de l'église, et celui que il verroit pre-
miers venir la matinée présist, si le sacrast à evesque;
et si li dist encore la vois qu'il estoit apelés Nicholais.
Lors dist li evesques à tous les autres çou qu'il avoit
oï, et qu'il fuscent tot coi en orisons, et il iroit gaitier
tos seus à l'entrée de l'église jusc'à l'ajornée.

Ensi le fist li evesques et à l'eure que li vois li avoit
dit vint sains Nicholais tout droit, aussi com Diex li

envoiast; et si faisoit-il sans doltance, et quant il
aproisma l'entrée de l'église, li vesques, qui le gaitoit,
jeta les mains à lui et si le prist, et si li demanda molt
belement comment il estoit apelés. Cil qui estoit dous
et simples com uns colons abaisça le chief et dist: « J'ai
« à non Nicolais, sers nostre signour. » Maintenant
l'acola li evesques et dist : « Biaus fius, vien à moi là
« dedens, car jo voel un poi privéement à toi parler; »
et tantost com il furent ensamble en l'église, li vesque
commença à crier à haute vois : «Mi frere, vées chi çou
« que nos querons, et por cui nous faisons à nostre
« signour proieres, » et crierent molt hautement de
joie, et looient nostre signor, et grassioient li vesque.
S'elleecent por tel compagnon que Diex lor avoit doné.
Que vous conteroie-jo plus? Il le prisent et porterent
en le caiere, et l'ordenerent et sacrerent à evesque, si
com il estoit drois et costume. Mais saciés qu'il fu en-
contre[1] molt durement, et disoit tout plainement qu'il
n'en estoit mie dignes; et quant li sains hom fu essau-
ciés à evesque onques ne s'enorguilli, ains ot cele
meisme carité et cele meisme humilité qu'il avoit de-
vant éue. Il estoit toustans en orisons et amaigrisçoit
son cors en jeunes, et si fuioit les pechiés; les veves
et les orfenius prendoit en cure, aussi comme ses propres
coses, et se il trovoit aucun home qui fust entheciés
d'aucun pechiet, il le confortoit et ramenoit à droite
voie.

Cascun jor croisçoit de monsignor saint Nicholai

[1]. Sachez qu'il s'y opposa très-fortement.

li boine renomée, et par tot estoit racontée li loenge de lui. Li riche, li povre et li poisçant et li non poisçant, l'anunçoient et prééçoient. Tos li pules s'esjoisçoit du pastor que Diex lour avoit doné, et li baron s'elleechoient de si boien evesque, qui plains estoit de grant auctorité et de tel grasse qu'il prendoit de tous cure, aussi du povre com du riche. Et bien saciés vous qui m'escoltés que tans et eure me faulroit ainsçois que les paroles de ses miracles, se jou les voloie toutes raconter et dire; et qui entendre en volra une partie laist ester sa felonie, et jo li conterai de quel vertu sains Nicholais fu, et les miracles par coi il vint à le hautece dont il est renomés encore, et por coi li estrange reclaiment sa vie, aussi bien comme cil qui le conoisçent.

Un jor avint en cel tempore que maronier estoient en mer, cui grant tormente et grans tempeste destraignoit en une nef, si qu'il avoient perdu toute espérance do lor vie. Lor mas estoit brisiés, et lor voile deskirés, et lor cordes rompues, et lor nès defroisçoit par les undes qui si grans et si crueus lor habundoient. Il commenchierent por le grant paor à crier et à dire : « Sains Nicholai, sergans Dieu, se les œvres sunt vraies « que nos avons oï de ti conter et dire, dont nous de- « livre de cest peril ù nos somes, si que nos à Dieu « et à toi puisçons grasses rendre. » Et là ù il huçoient issi saint Nicolai qu'il les sostenist, uns hom s'aparut à aus en la nef en samblance du saint home. Cil hom lor dist : « Vous m'avez apelé, vés me chi en vostre

SAINT NICHOLAI.

« presence à vostre aïe. » Lors se prist as cordes et as autres estrumens de la nef, et lour commença à aidier, et maintenant s'apaisa li mers, et li grans tempeste cessa. Lors se departi de la nef cil hom qu'il avoient véu, et cil à grant joie, tot graciant et loant nostre signour et monsignor saint Nicholai, errerent tant par haute mer qu'il vinrent al port qu'il desiré avoient. Quant il vinrent sor tere il demanderent quex hom sains Nicholais estoit, et on lor dist qu'il estoit archevesques de Myrre; lors alerent en l'église à li sains hom estoit, et si tost com il le virent, si le conurent par le samblance qu'il avoient véu en la nef, quant il lor fist secors et aïe, et lors se laiscierent chaïr à ses piés, et si li rendirent grasses et le loerent, pour çou qu'il les avoit delivrés de la mort, si com il conterent et dirent. Sains Nicholais lor dist que ce n'estoit mie par sa desserte, mais par la misericorde nostre signour, et par la vraie foi et par la vraie créance qu'il avoient. Or poés vos oïr, qui entendés, que grans cose est de vraie foi et de droite pensée.

Après çou avint que uns grans chiers tans leva en lour contrée, dont sains Nicholais estoit vesques, si que povres gens estoient si destroit qu'il ne savoient qu'il péusçent faire. Li pluisor vinrent à saint Nicolai et li proierent qu'il les secorust et aidast, car il moroient, par la grant destrece, de famine. Li sains hom fist s'orison à nostre signour qu'il les secorust. Icele nuit meisme, par la misericorde de nostre signour, arriverent au port trois nès, cargiés de forment, qui venoient d'Alixandre[1], et aloient à la cité de Vigauste[2], ù li sergant l'empereour le menoient. Quant li saint hom le séut, il fu molt liés, et vint as maroniers de la nef, et lor pria que de cel forment li vendisçent ; et il disent que non feroient, car c'estoit l'empereour[3], si ne l'oseroient faire ; et sains Nicolais leur dist qu'il l'en prestascent tant qu'il venissent en Alixandre ù il devoient aler, et bien séusçent qu'il le raveroient. Li maronier n'oserent al saint home escondire sa proiere, ains li presterent de cascune nef cent muis de forment. Quant ce fu fait il entrerent en lor nès, si sacierent lour ancres et leverent lor voiles, et li vens feri ens boins et droituriers qui les fist departir du port, et corurent tant, sans avoir nule tempeste, qu'il vinrent à la cité ù il aler devoient ; là livrerent-il as sergans l'empereour le forment que il aporté avoient, et quant il orent tout mesuré, si troverent lour mesure entire que riens n'i falli. Et che fu la cose dont molt s'esmervillirent, et pour çou conterent-il tout çou qu'il avoient exploitiet al sergant l'empereour, et lors en loerent nostre signour et l'en rendirent grasses. Li sains hom, qui le forment avoit rechut as maroniers, le departi si droiturierement com il pot à cascum selonc çou qu'il estoit, et qu'il savoit qu'il en éust besoig ; et la grans misericorde de Dieu et sa grans larguece, acrut tant cascun çou que li sains hom li dona qu'il ne les

1. Alexandrie.
2. Nom de lieu, *Vicus Augusti*.
3. Ils dirent qu'ils ne le feraient, parce que ce froment appartenait à l'empereur.

SAINT NICHOLAI.

porta mie tant seulement cel an, mais presque tout l'autre; et en resemerent lor teres, cil qui les avoient, qui bien en furent cargies raemplies[1]. Si ne doit nus ceste cose mescroire, car nostre Sires dist : Se nos avons autant de creanche com uns granil de senef, et nos desisciens à une montagne qu'ele se departesist de son lieu, si r'allast en un autre, ele i serroit luès portée; por ço ne doit nus mescroire les miracles et les vertus que li preudome faisoient qui avoient boine foi et vraie créanche[2].

En cele contrée avoit éu jadis molt d'ymages de dyables que li payen aoroient. Encore i avoit à Coltans[3] adonques une ymage à l'onor de Dyane, lour dieuesse, ù li vilain de la contrée avoient grant fiance, et le servoient molt religieusement[4]; mais sains Nicolais fist tant à l'aide de nostre signour qu'il deguerpirent lor malvaise errour, et si destruist l'ydole qui molt estoit de grant biauté. Quant li dyables, qui molt estoit malicieus et engrès en cest siecle, vit qu'il avoit ensi perdue sa segnorie, il fu molt espris envers saint

---

1. Ce passage est obscur; on l'interprétera par *la Légende dorée en françoys* (Lyon, Matthieu Huss., 1488); on y lit : « Et l'omme « de Dieu distribua ce froment selon son besoing, si que il souf- « fist à deux ans, non pas seulement à vivre, mais à semer. »

2. Il y a ici des mots omis dans le manuscrit, mais nous le donnons tel qu'il est. Il faudrait lire : « que li preudome faisoit *por ceus* « qui avoient boine foi et vraie créanche. »

3. *Coltans*, nom de lieu, vraisemblablement altéré.

4. « Le peuple adouroit le faulx ymage de l'excommunié Dyane. » (*Légende dorée en françoys.*)

Nicholai de grant ire ; si se prist à porpenser comment il le porroit engingnier à mal faire ; dont prist une liquor, en sanllance d'oile, qu'il fist confire à son voloir as gens qui le servoient, qui engingneus estoient de toute malaventure. Adont se tresmua en le samblance d'une molt relegieuse feme. Si vint al rivage de la mer ù il trova gent ki i devoient aussi, comme en pelerinage, aler. « Ce me samble, dist-il, que vos doiés aler à « saint Nicholai, et jo iroie ensamble vous molt vo- « lentiers, se jo pooie ; car jo desir molt à avoir le « béneichon de si haut home, mais jo n'i puis ore mie « aler : si vos proi que vous ensamble vos portés cest « oile, et en ramembrance de moi en oigniés les mai- « sieres de l'église. » Cil le rechurent qui ne se gaitoient de traïson, ne de male œvre, et li dyables s'esvanni maintenant de devant aus, mais nostre sires, qui pius est misericors, ne volt mie soffrir qu'il portascent le don que li dyable li avoient cargié por çou qu'il aloient à saint Nicholai. Il parla à aus et si lor dist : « Quele « feme fu-çou qui à vos parla ore, et que vous aporta « ele ? » Cil li raconterent tout en ordre çou qu'il lor avoit dit, et li mostrerent l'oile dont il lor rova oindre l'église, et il lor dist : « Volés vos savoir que cele feme « fu ? Sachiés que che fu li felenesse Dyane ; et pour « chou que vos puisciés prover que ce est vérités, jetés « cel vaisciel, à tote l'oile escumeniié, en la mer, si « verrés le provance de ses œvres ; » et il si fisent tot issi com cil hom lor avoit dit et proiet, et tantost com li oile chaï sor les ondes de la mer, estes les vous es-

SAINT NICHOLAI.

prises et arsent, et li mers ars à flamme, dont ce fu grans mervelle. Endementiers que li notonier esgardoient cele mervelle dont il s'esbahisçoient si forment, si fu depechié lor nès à cil estoit qui avoit à aus parlé, et por çou ne porent-il demander qui il estoit; ains alerent al saint, si com il orent voé, et quant il furent venu al saint home, il disent : « Certes tu ies cil « qui en la mer nos demostras le cose qui tant faisoit « à crémir; tu ies cil por cui desserte nos somes de- « livré del agait au dyable. » Quant il orent çou dit, si le raconterent tout en ordene comment li chose avoit alé, et li sains hom en rendi grasses à nostre signour, si com il avoit bien acoustumé à faire, et lor dist qu'il vesquiscent en boines œvres selone droiture et se commandascent en la garde nostre signour, del tout en tout, qui garde tous çaus qui en lui ont fianche. Et quant il les ot de ces choses et de pluisors autres ensaigniés et doctrinés, il lor fist sa beneiçon, puis prisent congiet al saint home, et s'en alerent sain et haitiet et liet en lor contrées.

Après avint que gens habitoient es parties de Gresse qui mesfisent envers l'empereor, et le commencierent à guerroier par lour grant derverie. Quant li emperere le sot il commanda à trois haus homes qui si home estoient; l'un apeloient Nepotion, et l'autre Ursum, et le tierc Aquilone[1]. Si lor commanda qu'il entrascent es nès, et gens assés avec aus, et alaiscent

1. « Et l'empereur envoya contre eus troys princes, Nepocien, « Ursin, et Apolin. » (*Légende dorée en françoys.*)

destruire çaus qui le desposoient¹. Li trois haut home prisent assés chevaliers et serjans et armes, si les misent es nès, et tot çou qu'il cuidoient que mestier lor déust avoir à demorer longement.

Puis entrerent es nès et drecierent lor voiles sor les mas, et li vens feri ens, qui tost les fist departir du port de Costantinoble ; et quant il orent grant piece corut par la longe voie de la mer, il vinrent près des contrées de Gresse. Une tempeste lor vint grans et horrible, si que pour uns poi qu'il ne periscoient, et por çou ne péurent-il aler avant, ne parfaire lour voie qu'il avoient commenchié, ains traïsent al plus tost qu'il porent à tere, et prisent tere en la contrée dont sains Nicolais estoit evesques, et quant il orent lour ancres jetées, si com il estoit à costume, et les nès furent aséur qui molt avoient grant paor, et li jouencnciel s'en iscirent qui la terre desiroient et commencierent de chà et delà à aler esbanoier. Li pluisor aloient et estoient alé en un castel ù il avoit feste et grant plenté de pluisors avoirs ; car c'est costume à gens qui en ost vont qu'il cuident que toutes les choses qu'il voient lor soient abandonées. Quant ce virent cil del païs qui là estoient assamblé, il furent de tout lour pooir encontre, et commença à croistre la noise et la mellée, tant que li vois en ala en la cité de Patre², qui près estoit du port à trois liues. Lors s'esmurent tout cil de la cité por

---

1. Il faut lire *despisoient*.
2. Lisez *Patere*. La *Légende dorée en françoys* confond cette ville avec Patras, ville de la Morée.

aidier çaus de la contrée. Adont i estoit sains Nicholais, li boins evesques, qui s'esmut por la noise apaisier. N'il ne fina, si vint al port ù les nès estoient; là trova il les trois princes que jou vous ai només, et quant il les ot salués, il parla à aus, si lor dist : « Biau signor, « qui estes-vous et de quel tere? venés-vos por pais en « cest païs ù pour guerre? » Il respondirent : « Biaus « pere, nous ne volons se pais non, mais tormente « nos a achaciés en vo tere. Nous somes à l'empereour « qui nous envoie sor gent qui li sunt rebelle et des- « piscent sa segnorie et sa poiscance. Por çou vous « prions-nos metés nos en vos orisons si que nos puis- « çons ceste cose parfaire. » Dont lor pria sains Nicolais, li boins confessors, qu'il veniscent avec lui en la cité, ne si ne desdaignascent mie sa beneiçon, ne sa compagnie. Il li otroierent, et deffendirent à lor gent qu'il ne for-fesiscent à la tere. Issi furent apaisié de l'une partie et de l'autre, et repairierent li un à la cité et li autre à lor très, al rivage ; et quant ce fu fait sains Nicholais s'en retornoit arriere en la cité avec les trois haus homes. Pluisors gens de la cité home et femes vinrent encontre lui, et si li disent : « Sires, sains hom, se tu « éusces orendroit éu ta presense, on n'éust mie occis « à si grant tort trois chevaliers que Eustasses, li con-« silliers, les fait occire, et por çou sunt dolant li ci- « thoain que vos n'i estes mie; car il sevent bien que « par vous sunt-il aidiet et consilliet, car li consilliers « lor a nuisi par les grans dons que lor anemi li ont « fait, si qu'il s'assent bien à lor mort et à lor martire. »

Quant li sains hom oï ceste parole, il fu molt espris de grant pité, si proia as trois princes qui avec lui aloient qu'il alascent plus tost, et il si fisent. Tantost com il fu entrés en la cité, sains Nicholais demanda as gens se cil c'on devoit occire vivoient encore ; cil respondirent et disent : « Sains hom, haste-te, car il sont encore « tout vif devant l'église Cressanti et Dyauctori. » Lors s'en corut li sains hom dusques là, et quant il vint là si ne les trova mie ; lors demanda as clers ù il estoient, cil disent qu'il estoient jà mené fors de la porte de la cité ù il devoient rechevoir martyre, car à mort jugié estoient. Dont s'en corut li evesques jusc'al liu qui ensaigniés li estoit, encore fust-il lassés de la voie qu'il avoit alée. Quant il vint là il trova les trois jouenenciaus qui illuec estoient ajenoilliet, et avoient les oels bendés, si com pour mort rechevoir, et cil qui occire les devoit avoit jà contremont levée l'espée ; là pooit-on bien prover et veoir que la parole est voire que nostre sires dist : « Li juste qui en nostre signour a fiance ne « dolte nule riens, » car li sains evesques ne dolta mie terriene poeste, ains vint à celui qui tenoit l'espée toute nue, si li toli, et puis delloia çaus qui la mort atendoient ; n'onques nus des signors, qui là estoient assamblé por aus occire, n'oserent un mot soner ne dire, qu'il savoient bien qu'il estoit preudom et poisçans de par nostre signor Jhesu-Crist. Lors s'en ala à le maison ù li conciles estoit, et avec lui grans puples, car il l'amoient plus que nule créature por sa dolçour et pour sa misericorde ; et quant il vint là il trova les

portes closes, mais on li defferma plus par force que
par amisté; car bien saciés s'il commandast le maison
à abatre, ù à ardoir, à çaus qui avec lui estoient, que
molt volentiers le fesiscent sans nul contredit; ne jà
por segnorie que li consilliers éust en la vile ne le
laisçassent. Dont fu anunchié au consillier Eustasce
que sains Nicholais venoit sour lui; li consilliers ala
à l'encontre, si le salua; mais li sains home ne prisa
mie gramment son salu, por çou qu'il le voloit castiier
par ses paroles, ains li dist : « Anemis Dieu, qui la
« vraie foi trestornes à ton pooir, et qui çaus qui
« riens n'avoient meffait vels occire, comment m'oses-tu
« regarder emmi le vis, qui voloies faire tel felonie?
« Caitis, por coi n'as-tu rechéue le parole nostre signor
« qui toute jour vient à tes orelles? car Diex ne juge
« mie le juste, ne celui qui n'a riens meffait, à estre
« dampnés. » Li concilles respondi au saint evesque :
« Sers Dieu, por coi m'aparoles-tu en tel maniere sans
« ço que jo ne l'avoie mie desservi? Saces bien que
« Eudorius et Symonides, li doi plus haut home de
« ceste cité, font plus à reprendre que jo ne fac de
« ceste chose, car il estoient plus engrès de çou faire
« que jou n'estoie. » Li sains evesques respondit au
concelle et dist : « Symonides ne Eudorius ne te me-
« nerent mie à chou que tu fesisces si grant felonie;
« mais li grans covoitise de l'or et de l'argent qui de-
« dens ton cuer s'est mise; et si me croi bien de çou
« que jo te dirai que li tans venra que li empereres sara
« comment tu te contiens, et guerroies ceste cité; ne

« mie guerroies, mais destruis, et si t'en rendra selon
« tes fais desserte. » De ces paroles et d'autres aparla
sains Nicholais le concelle, tant que li haut home qui
avec lui estoient venu li proierent qu'il laisçast ester
teus paroles, et si li pardonast cest meffait par lor
proieres. Li sains hom lor otroia dolcement et com-
mencha à adolcier le concile par dolces paroles qu'il
li mostra par devant çaus qui là estoient, et li sains
evesques mena les trois haus homes avoec lui, si comme
çaus cui il voloit grant honor faire. Après maugier,
quant ils orent sa beneiçon rechéue, il se partirent de
lui par grant amor, et vinrent arriere à lor nès, et en-
trerent ens à molt grant joie.

Quant il orent lor voiles derchiés, ils se partirent
du rivage et alerent tant à l'ore de boins vens qu'il
vinrent en la terre ù il devoient aler, et fisent tant de
ceus qui contre l'empereour voloient aler qu'il les ame-
nerent à le volenté l'empereour, et se misent à son
service. Quant il orent ço fait il repairierent arriere,
tant qu'il vinrent en la cité de Constantinoble, et quant
il furent arrivé, tot cil de la cité vinrent à l'encontre à
grant joie, chevalier et sergant, borgois, dames et
damoiseles, meismes li empereres, qui besoigne avoit
du fait, les honora sour tous les autres, et les retint en
son palais. Mais li dyables, qui envieus est sor toute
créature humaine, fu molt dolans de l'onor que li em-
pereres faisoit as preudomes, qui haut home estoient;
ne demora mie gramment, ains porcacha tant et fist
qu'il ot trové malvais homes et envieus qui des trois

barons orent envie; et si proposerent entre aus qu'il
lor porchaceroient u lor mort u lor honte. Que vous
diroie-jo plus? Il vinrent al provost, qui ert Blaves
apelés par non, et garde estoit en la cité après l'em-
pereor, et disent que cil troi prince avoient juré le
mort l'empereor, et que bien le savoient, et que ja si
tost li tans ne venroit qu'il porroient faire lor volenté
qu'il l'acompliroient. Or poés oïr grant traïson et
mortel pensée et pour envie. Li provos ne les créi
mie, et cil li donerent tant or et argent qu'il le tro-
verent à lor volenté et à lor fiance. Et quel chose est
ço c'on ne puist constraindre par covoitise d'or et
d'argent? Li provos en fu doltex par les grans presens
qu'il li fisent, puis vint à l'empereour, si li dist en tel
maniere : « Tu haus sires, par cui governement tous
« li monde se repose en pais, li envie du dyable qui
« est semence de tote felonie, a envers vous esméus
« anemis de cuer, si que jo le sai bien certainement et
« sans doltance : et sachiés que li troi prince, que vos
« envoiastes vos anemis destruire, sunt contre vous, et
« si vous gaitent, et quierent aide et compaignie que
« il prometent à essaucier de grant rikeche, et por çou
« que jo le sai vraiement, le vos sui-jo venus dire; por
« çou que Diex et vous ne m'en séusciés mal gré, et
« por çou ke jo ne fusce enkaus en vostre ire; car qui
« mal fait n'est mie tant seulement copaules, mais
« aussi li consenteres, et ceste cose ai-jou séue par les
« compaignons qui tote l'uevre m'ont contée et dite. »

Quant li empereres oï cest affaire il fu molt coreciés, si commanda c'on présist les trois princes et mesist-on en prison en sa cartre dusques à lendemain qu'il les feroit occire. Et quant à lendemain li empereres fu ensoinés de pluisors affaires, si com jo cuit par la volenté de nostre signor; si demora ne sai quans jors la cose qu'il avoit devisée, et li traitor qui la cose avoient porparlée traisent au provost, si li ont grant cose raportée et dient : « Coment puet ço estre que « nostre anemi sunt tant en vie ? et ne cuidiés-vos que « vos péusciés repairer à l'empereor s'il estoient de vos « occis en le cartre. Saciés qu'il ont lor compagnons « mandés, et cuident chi à aus venir, et acmplir la fe- « lonie qu'il ont porparlée; et par force t'en covient-il « efforcier, et se tu ne parfais l'uevre dont nos t'apar- « lons, il nos pesera que nos averons tant villiet por « ce païs, et s'en periras sans atargier. » Quant chou oï li provos, il fu plus destrains par le dyable-don que cil li avoient doné et fait que par autre chose. Si vint à l'empereour et li dist : « Biaus sire, cil malvais, que « vostre pitiés laisce vivre, ne finent de tenir malvais « consel à lor compaignons, et pensent comment il te « puiscent mal faire, et bien saciés qu'il ont des com- « pagnons qui bien lor cuident aidier; que s'il estoient « hors il vos ochiroient, vos qui estes mes sires. » Quant li empereres oï chou que cil li ramentevoit sa mort, il en fu molt coreciés et plains de très grant ire, et commanda les trois haus barons à occire. Quant li provos, qui fu plains de malvaise avarisse, que Diex het plus que nul pechiet qui soit en cest

SAINT NICHOLAI. 237

monde, oï chou, si en fu molt liés d'estrange manière, puis envoia à celui qui gardoit le chartre et commanda qu'il gardast ces trois prisons molt bien bendés hors des autres prisons qui là estoient, et tantost com la nuit serroit venue les feroit-on occire. Et cil qui gardoit l'uis de la chartre estoit molt preudom et plains de misericorde : Hylaires estoit apelés par non. Quant le mandement al prevost oï, il ala à la chartre et parla de molt dolant cuer as princes; si lor dist : « Biau signour, jo volroie que jo ne vos éusce
« onques véus, ne conéus, las! hui serrés departi et
« dessevré. » Lors commencha à plorer molt tenrement et dist : « Parlerai-jo, u jou me tairai ? Parler m'estuet
« à vous, encore ne le face-jo mie volentiers, car nus
« ne doit volentiers tel parole dire. Sachiés que li com-
« mandemens est venus de l'empereour que vos soiés
« occis annuit, sans plus atendre, et pour ço que vos
« péusciés ordener vos choses, que vos ne les guer-
« pisciés mie sans devise faire. » Quant li troi halt hom oïrent cele parole, si furent tout espoenté, si commencierent à jemir et à plorer, et lor cavex à tirer et à detraire, et à descirer lor vestimens, et crioient à molt haute vois, et disoient : « Dont vient ceste
« cruaultés et ceste vilonie que nos morrons issi sans
« jugement, et sans raison, et sans droiture. Ceste
« cruautés est molt grans, ne onques mais ne fu oïe. » Quant il orent assés longement ploré, li uns d'aus se porpensa en son cuer comment sains Nicholais avoit delivrés le trois jouenenciaus de la mort, qui assés lor

sambloit estre proçaine. Lor commencha à sospirer, et puis si dist : « Biaus sire rois Jhesu-Cris! secor ces « chaitis qui doivent perir, et si rechoif la nostre proiere, « et ne mie par nostre merite, mais par saint Nicholai « ton serf, que nos soions secorut par s'aye de ceste « sentense, aussi comme nos véismes les deux jouenen-« ciaus delivrer de la mort par s'aïe; et s'il n'i puet « estre corporelment, il i puet estre espirituelment à « ceus qui par besoigne le reclaiment. Hé! biaus sire, « qui fais les volentés de çaus qui te criement, delivre « nos par tes saintes proieres. »

Issi disoit Nepotiens, et si compagnon crioient à haute vois tout ensamble : « Sains Nicholais, sers de « Dieu, aide nos, encor ne soies-tu en presence par « devant nous. Proie por nous, si que nos puisçons « veoir ta forme et baisier tes saintimes piés! » Or poés oïr le grant pitié et la grant dolçor de Dieu, qui par tout secort et aide çaus qui par dolçor le reclaiment; et qui fu chou qui onques le requist par boin cuer, et il ne le trova mie, et qui ne trovast en lui misericorde? et ne fu onques mais nus qui en lui éust fiance[1]. Chou esproverent bien cil troi haut hom qui à lor besoig li requisent aide. Adont estoit encore li sains en vie, et nostre sires oï si bien les orisons de çaus qui le reclamoient, com s'il fust avec aus en parmenable glore. La nuit que on devoit occire

1. Il manque ici quelques mots nécessaires au complément du sens; il faudrait lire ainsi : « Et ne fut onques mais nus *qui perist* « qui en lui éust fiance. »

les trois princes li empereres se colça en son lit, et li provos à son ostel el sien aussi. Quant li empereres fu endormis, li samblance de monsignor saint Nicholai s'aparut à lui, et si li dist : « Constentin, por coi as-tu « à tort fait prendre les trois princes que tu as en ta « prison, et por coi les as-tu commandés à occire, et « sans çou qu'il ne l'ont mie desservi en nule maniere? « Lieve sus tantost et si commande qu'il soient delivré, « et se tu ne veus ço faire, jo proi le celestiel roi qu'il « me vengie de toi, et qu'il envoit tel batalle sor toi « que tu soies occis, et ta cars soit viande as oisiaus « et as bestes salvages. » Quant çou oï li empereres, si li dist : « Qui ies-tu? et de cui auctorité ies-tu entrés « à ceste eure en mon palais, et tel cose m'oses dire? » Et il respondi : « Jo sui sains Nicholais, li péechieres, « evesques de la cité de Myrre. » Quant il ot ço dit, il se departi et ala al provost, et li dist en tele maniere : « Ha! Blavies [1], dervés, de pensée esperdus, « di chou que besoin estoit à toi, qui as porchacié « par colvoitise que li trois prince fuscent occhis, qui « ne l'ont mie desservi? Va isnelement, si les delivre « de la chartre ù il sunt. Et se tu ne vels çou faire, « jo déproierai la maïsté del parmenable empereour, « et si le m'a jà otroiet, que tes cors perisce tous et « soit mangiés de vers, et ta maisnie soit destruite. » Quant li provos l'entendi, si li dist : « Qui ies-tu qui « nos manaces? » Il li respondi : « Saches que jo sui

1. Nom du prévôt. Il est appelé Blaves à la page 235.

« sains Nicholais, evesque de la cité de Myrre. » Quant il ot ço dit, il s'esvanui de devant le provost. Adont s'esmervillierent li empereres et li provos, qui de çou qu'il avoient véu s'estoient molt espoenté, et mandoit li uns à l'autre çou qu'il avoient véu. Tantost com il fu ajorné, li empereres manda tous ses haus homes, et fist venir devant lui les trois princes qui en prison estoient, et quant il les vit, si lor fist molt cruel semblant, et lor dist : « Ars enchanteresses savés-vous,
« qui si nous avés anuit degabés par fantosme ? » Et cil furent tout esbahi et espoenté de tel demande, si ne respondirent mie, et li empereres redit : « Dites
« nos quel sunt vostre enchantement ? » Nepotiens respondi por ses compagnons molt paoureusement et dist :
« Très biaus empereres, à cui Diex a otroiet à governer,
« jà ne puist avenir que nos soions estruit ne doctriné
« de l'eschumenié art d'enchantement ; n'onques, biaus
« sire, ne nos mellames de cel mestier faire, ne retenir,
« ne aprendre, et bien disons que nos n'avons riens
« meffait de nule créature, par coi nos doions mort re-
« chevoir. » Dont parla li empereres et dit : « Conis-
« ciés-vous nul home qui Nicholais soit apelés par non ? »

Quant cil oïrent nomer saint Nicholai, il tendirent lor mains vers le ciel, si crierent à haute vois : « Biau
« sire Diex, qui saint Nicholai as en cuer, tu soies
« benois ! car tu n'oblies mie çaus qui en toi ont fianche :
« biaus sire, delivre nous de ceste fausse traïson que
« on nos a sus mise, par la merite mon signor saint
« Nicholai, si com li troi jouenenciel furent delivré

SAINT NICHOLAI.

« que nos veïsmes. » Quant chou oï li empereres il lor commanda qu'il se téuscent et li desiscent qui cil estoit et de quel lignié, et se chou estoit voirs que il en disoient. Nepotiens respondi à l'empereour isnelement et dit : « Empereres, sachiés vos que c'est uns sains
« hom et de grant hauteche, et s'est sains hom en
« totes choses, et que par lui créons-nous estre sauf et
« delivre du peril ù nos somes. Lui apelames-nous, et
« nous sentons jà de s'ayde ; et certes nos savons bien
« qu'il est dignes sers de Dieu, quant nostres sires nos
« a oïs por lui, qui si est en sus de nous en estranges
« contrées, » Che dist Nepotiens, et puis si commencha à conter l'empereour de com grant humilité mes sires sains Nicholais estoit, et si li conta comment il avoit delivrés les trois jouenenciaus dont jo vous ai conté arriere. Quant li empereres oï dire ceste raison, il s'esmervilla molt de la grant bonté qu'il avoit contée de monsignor saint Nicholai ; dont parla as trois haus homes et si lor dist : « Ralés vous ent, et si rendés
« grasces à nostre signor et al saint home par cui vos
« estes delivré, et si porterés al riche home, de mes
« choses, une piere faite par mervillose art, en or assise,
« et deux vaissiaus d'or molt bien olvrés et aornés de
« riches pieres, et si li dites de par moi qu'il les re-
« çoive et si ne me manache mie, ains prit por moi,
« car jo obeirai molt bien à ses commandemens, et prit
« le signor de tot le monde por le pais de mon regne. »
Après ne demora mie grant pieche qu'il s'eumurent

por aler à saint Nicholai atot les choses l'empereour; et tant alerent qu'il le troverent, si com je croi, en la cité de Myrre. Tantost comme il vinrent devant lui, il se laiscierent chaïr à ses piés, et de la grant joie qu'il avoient chantoient hautement et disoient à haute vois : « Tu ies amis de Dieu; toi doit-on aorer, car par toi « somes-nous delivré de la mort; » et quant il orent çou et autres choses dites, il raconterent à mon signor saint Nicholai si com li chose estoit alée, puis li donerent çou que li empereres li envoioit, et ses letres meismement à ensaignes. Quant sains Nicholais séut ces choses, il leva ses mains vers le ciel et si commencha à loer le salveour del monde, et si dist : « Biaus sire Dix ! « tu ies grans et mervillables en toutes choses! » Et quant il ot che dit, il se torna devers les haus homes, si lor commença à ensaignier et à doctriner des escritures qu'il donascent largement de l'or as besoigneus, por nostre signour. Dont fisent li troi prince lor caveus tondre qui en la cartre lor estoient créu. Quant il orent tant sejorné avec saint Nicholai com il lor plot, puis prisent sa benéichon, puis si retornerent à grant joie et à grant leeche en lor contrée, tout loant et benéisçant nostre signor, qui vit et regne par tos les siecles des siecles, sans fin.

Après avint que une feme avoit uns fil cui li dyables estoit entrés el cors, qui le travilloit molt cruelment, si qu'il deschiroit as mains et as dens toutes les vesteures qu'il avoit vestues. Cele feme estoit d'une vile

SAINT NICHOLAI. 243

qui estoit apelée par non Carpearche[1]. D'illuec vintele atot son fil qui hors-du-sens estoit. Si ala qu'ele vint à Corbe, une maison de saint Mikiel l'archangle, et là estoit sains Nicholais adont. Quant ele fu là venue ele se laisça chaoir à ses piès; se li commencha tout en plorant à dire : « Sers de Dieu, aies merchi « de cest caitif, mon enfant, que li dyables travalle « trop cruelment. » Quant sains Nicholais vit la feme qui si ploroit, si en ot grant pitié. Lors prist la main de celui qui hors-du-sens estoit, si li soffla en la bouce, et tantost s'en isci li dyables par la vertu de nostre signour, et par la mérite de monsignor saint Nicholai, que plus n'i osa demorer, et cil fu garis de sa malaventure; si repaira en son païs entre lui et sa mère, à molt grant joie.

Une autre fois avint c'une autre feme d'une vile, qui Necaposse[2] estoit apelée, et si estoit hors-du-sens par le dyable qui grant envie avoit sour tout humain lignage. Chele feme prist ses barons et si l'amena al liu ù sains Nicholais estoit en orisons, et proia por celi, et tantost com il ot s'orison finée, li dyables li isci del cors et fu sanée, et cil qui ço véirent grassierent nostre signour. Li feme s'en rala toute joians en son païs et à sa maison. Deus-Sainte-Syon[3] estoit

---

1. Ancienne ville dont nous ignorons la situation, et dont vraisemblablement le nom est ici altéré.

2. Cette ville paraît être ou Neapolis, ancienne ville de Lydie, ou Nicopolis, ville de l'Arménie, fondée par Pompée.

3. La sainte Sion de Dieu.

apelée la maison que sains Nicholais avoit faite, et là estoit-il adonques, car il i sejornoit plus volentiers qu'en autre liu, car il avoit l'abéie estoréé en l'onor de Dieu et de sa gloriouse mere.

Après ço ne mie lonc tans avint en un autre quaresme que uns hom, qui Nicholais estoit apelés, et estoit à monsignor saint Nicholai, et aportoit uns enfant malade devant lui sour une beste, qui molt estoit espris de palasine, qui tous les membres li avoit tolus et la force. Quant cil hom qui aportoit le malade vint devant le saint home, il se mist devant lui à jenellons à terre, et si dist : « Nicholais, sains hom, prie por cest caitif « home à nostre signour, que Diex le regart, et ait « merchi de lui, par tes orisons et par tes proieres. » Quant sains Nicholais vit chelui entrepris de si grant maladie, si en fu molt dolans ; si prist de l'oile qui ardoit adies al diemence ; si li oinst le cors et les membres, et puis dist l'orison à nostre signor, et tantost fu cil garis de tos ses membres et r'ot sa poisçance, et luès qu'il ot rechut la beneiçon sains Nicholais, retorna arriere tot graciant et loant nostre signor, la cui misericorde il avoit trovée et rechéue.

Et après çou ne mie granment fu amenés uns dervés à saint Nicholai, qui par le dyable estoit travilliés, si qu'il hurtoit sa teste as parois, si qu'il avoit pluisors plaies qui totes estoient mal mises et plaines de vers, qui contreval le viaire li descendoient. Troi home l'amenerent devant saint Nicholai qui molt dolcement proierent al saint home qu'il daignast à nostre signor faire ses orisons por celui qui grant mestier avoit d'ayde et de secors, et disoient : « Nicholai, sers du Dieu de toute « creature, regarde le grant dolor de cest home, et prie « pour lui à nostre signour qu'il puist eschaper de ceste « grant misère ù il est. » Lors le saigna mes sires sains Nicholais, si fu garis, et si le delivra de sa grant dolor qu'il sostenoit, et de la derverie qu'il avoit devant eue. Cil s'en retorna sains et haitiés, loans nostre signor qui à saint Nichola, son benoit confessor, avoit si grant grasse douée.

Endementiers que mes sires sains Nicholais estoit essauciés et reclamés par pluisor lius de ces miracles et d'autres, dont nostre sires li avoit virtu donée, le prist une enfermeté par laquele il le covint departir de cest siecle et aler à la glore parmenable qui jà ne prendra fin. Quant li preudom de sainte vie senti la maladie par laquele il li covenoit paier le dete de la mort, que nule morteus creature ne puet trespasser, il commença à faire ses orisons assiduellement à nostre signor, que il ses sains angles envoiast à lui pour rechevoir s'ame qu'il li avoit commandée, et là ù il estoit plus ententius à ses orisons faire, il regarda et vit les glorieus angles qui à lui venoient. Adont abaisça-il le chief, et fist sor lui le signe de la sainte vrais crois ; puis commencha à dire trente psalmes du psaltier, et quant il ot che dit, il rendi la precieuse ame es mains des angles qui près de lui estoient[1]. Là estoit Ar-

1. On lit à la marge du manuscrit cette annotation d'une écriture du quinzième siècle : « Cy est le trespassement de saint Nicholas. »

chemius et Berchelaüs, li saintime prestre, et Nicholaüs, li archediacres, qui molt estoit preudom et de sainte vie, et li autre clerc que il laisça ainsçois que il rendist s'ame.

Quant sains Nicholais fu departis de cest monde, por aler el celestiel regne, les vois des angles furent oïes esjoïsçans et elleeçans, alsi com por conforter çaus qui de sa mort avoient tristeche. Tout cil de la cité de Myrre menoient grant duel por la defallance de lor boin pastor et de lor saint pere. Li clerc et li moigne le ploroient et se plagnoient de cho qu'il avoient perdu lour boin pere, et de tote la contrée le deffendeur. Si ne s'assanllerent mie tant seulement les gens des proçains castiaus environ la cité, ains i vinrent de toute la region home et femes, jouene et viel. Si vint Phelipes, uns saintismes evesques de la cité de Feliton, por ensevelir le cors du saint home. Cil Phelipes, evesques, et Nicholais, archediacres, li levoient le cors et li closent les oels, et colvrirent sa glorieuse face du suaire Hilaire qui sains hom estoit. Li archediacres et li autre l'emporterent dignement par grant reverense, si com il estoit coustume, jusqu'à la sepulture, et quant li services fu finés, tot issi comme il (est) establi par l'establiscement[1] de sainte eglise, li evesque Phelipes le colça dolcement en la sepulture molt honorablement et molt saintement.

Là a fait nostre sires maint bel miracle et fait en-

1. *Establissement*, pour *ordonnance*; c'est ainsi que l'on dit *Les establissemens de saint Loys*.

core jusqu'à hui en cest jour, aussi com s'il fust encore en vie. Et si ne le faisoit mie tant seulement là ù li cors gisoit, mais en tous les lius ù il est apelés, fust en mer, fust en tere. Il trespassa de cest siecle el mois d'octembre, as octaves ydes. Adont estoit Justiens empereres[1], crestiens estoit et qui nostre signor amoit molt. Adont ot en l'incharnation trois cens et nuef ans, et sains Machaires[2] estoit adont apostoles de Rome. Li cors monsignour saint Nicholai fu enfoïs en la sainte maison de Sainte-Symyon, et en la destre partie de l'eglise, et ot haute sepulture et saintisme, si com il covenoit à saintisme evesque, et de sa sepulture naiscent deus fontaines, si com nous avons véu, l'une al chief et l'autre as piés. Cele al chief est du saintisme oile par laquele pluisour sont sané de lor maladies, por qu'il en soient oint; et as piés est de clere eve, dont li malade rechoivent santé, sans doltance, pour tant qu'il en boivent.

En cele glorieuse maison de Saint-Symeon, là ù li boins confessors estoit enfoïs, avoit molt de hautes reliques. Il i avoit de saint Jehan Baptiste et de saint Estievene, le premerain martyr, et de saint Theodore le martyr, et de saint Serge, et de saint Bache, que Antiocus, li dus, fist occire por le non nostre signour, que il

1. Le vieux écrivain a-t-il voulu indiquer Justin, père de Justinien, qui régna depuis l'an 518 jusqu'en 527?
2. Il n'a pas existé de pape de ce nom; mais il est possible que le vieux écrivain ait voulu désigner saint Marcel, pape l'an 308. Nous ne chercherons pas à concilier ces anachronismes.

preechoit; et avec ces reliques gisoit li cors mon signor saint Nicholai, qui por nos meffais voelle proier dolcement à nostre signor. Puis cel tans que mes sires sains Nicholais trespassa de cest monde, et il fu alés à nostre signour, ne fina li tombe, ù messire sains Nicholais gisoit, de colre de liquor d'oile, si com jo vous avoie devant dit, et fait encore. Là venoient li malades de toutes parties, langhereus, clop et avule, contrait, sourt et muiel, et cil qui dervé estoient; et tantost com il estoient oint de la liquor de l'oile, et béu de la fontaine, il rechevoient santé, de quelconques enfermeté il sosteniscent. Après ço ne sai combien de tans avint qu'il ot uns vesque en la cité de Myrre, qui fu cachiés de la cité, et envoiés en escil par le provost, qui justiçoit la contrée de par l'empereour, et tantost com li evesques en fu chaciés à force, si com jo vous ai dit, laisça li tombe monsignour saint Nicholai as languereus, et li malade n'estoient plus curé par le fontaine dont maint avoient rechéu santé; n'onques puis n'en isci point jusc'à dont que li evesques fu revenus en son propre siege, et en sa segnorie. Lors commencha li iaue clere à colre et li oile de la tombe, si com il apert encore. Or poés oïr et entendre, vos qui escoltés, quele la merite monsignor saint Nicholai fu, quant nostre sires, qui rois est de tote creature, com il li essancha son nom tous dis plus et plus par totes teres, si com li mons tornie.

Adont en cel tans que la ronomée estoit loins et près des hautes œvres et des miracles mon signour

SAINT NICHOLAI.

saint Nicholai et que les torbes grans de povres et de riches i venoient de partout et de divers païs du monde et de pelerinages, uns riches hom estoit Marchiaus apelés par non. Si avoit acostumé d'à lui venir cascun an, et là faisoit s'orison devant le cors du confès, et puis s'en retornoit arriere joians en sa contrée. Dont il avint uns jour que cil riches hom i fu venus si com il avoit acostumé, là ù il estoit devant le tombe monsignour saint Nicholai, il voa qu'il feroit faire uns vaisciel d'or en l'onor du saint confessor, et si li aporteroit à son service faire. Quant il fu revenus en sa maison il ala à uns molt sage orfevre, si li porta or assés, et puis li devisa l'uevre tele com il le voloit avec monsignor saint Nicholai que il l'entrepresist. Il l'entreprist, puis commencha à olvrer par grant entente, si com il li covenoit faire à si grant signor à cui li œvre estoit voée, et commencha le vaisciel à olvrer de pieres precieuses de maintes manieres, si que li œvre en estoit molt embelie; et tant i olvra bien li orfevres qu'il s'esmervilla tous, quant li œvre fu parfaite, comment il l'avoit si bien olvré de ses mains, et dont li engiens li estoit venus, et la maniere. Quant tot fu fait li orfevres le rendi al riche home selonc le pois que il li avoit livré. Li riches hom le regarda et s'esmervilla molt de l'uevre, et loa molt durement l'orfevre, et il dont se pensa qu'il en feroit uns autretel faire avec monsignor saint Nicholai, et cestui detenroit à son oès, por chou qu'il le veoit si bien olvré et si riche. Or sachiés bien que colvoitise l'avoit si soupris qu'il voloit retenir ço qu'il avoit voé à porter à monsignor saint Nicholai, en cui honor li vaisciaus avoit esté fais. Li riches hom, qui cel vaisciel avoit porpensé à retenir, prist autretant d'or com il avoit en celui, si vint à l'orfevre et li proia en toutes manieres que il un autre vaiscel li fesist avec monsignour saint Nicholai, car le premerain voloit-il retenir por la riche œvre qu'il i avoit veue.

Quant li orfevres l'oï, il prist l'or et les pieres volentiers, si les emporta avec lui et puis comencha l'or à fondre et à batre si com raisons et droiture estoit, mais onques n'i pot riens faire à sa volenté. Quant li orfevres vit ço, il vint au riche hom, si li rendi l'or qu'il li avoit chargié et les pieres precieuses, et après li dist que por nul pooir qu'il éust, ne pooit-il faire œvre qui fust plaisans ne covenable à riche hom. Li riches juis, qui sa covenence ne guerpi mie, dist qu'il porteroit à monsignor saint Nicholai l'or et les pieres precieuses. Issi remest la cose dusc'al' chief de l'an qu'il s'atorna pour aler à monsignor saint Nicholai si com il avoit acoustumé, dont fist aparellier sa nef, et fist metre ens à grant plenté quanques mestiers lour estoit et besoins. Quant che fu fait, il entra ens et sa feme et ses fix et si sergant assés de sa maisnie; puis drecierent lor voiles sour les mas et se departirent du port; si vont tost par les ondes de la mer. Grans sois prist al riche home, si commanda à son fil à aporter du vin en cel vaisciel qu'il avoit fait faire; car bien sachiés ciertainement qu'il avoit tant chier cel vaisciel qu'il n'i laisçoit tolcier nului fors sa feme et son fil. Dont prist li enfès le vaisciel qui le voloit reffroidier et puisa de l'eve; quant il le volt jeter fors, li vaisciaus li vola de la main, puis chaï en la mer par aventure. Li enfès fu esmaiés, puis tendi ses bras et ses mains sor le bort de la nef por le vaisciel prendre. A le haste qu'il en ot li faillirent li piet et il chaï en la mer, et la nès, qui tost coroit et de grant ravine, l'ot tost trespassé, si que cil qui dedens estoient n'orent nule esperance del' retorner arriere. Or poés perchevoir que riches hom ot perdu son vaisciel et son fil, et bien sachiés vous qui m'oés et entendés que encore sunt-il maint riche home qui perdent et perderont par le covoitise qu'il ont. Que demande qui a assés ? Jà riches hom n'ert assasés, car quant il plus a plus atrait et plus colvoite; et de tant esploitent cil plus malement qui ce font.

Li riches hom fu molt dolans de cho qu'il avoit son fil perdu, et la dame et toute sa maisnie demenoient si grant duel en la nef que grans mervelle seroit de raconter et de dire, et tant corurent ne porquant qu'il vinrent al port ù il devoient arriver. Tantost com il iscirent de la nef, li riches hom et sa feme s'en alerent plorant à le tombe monsignor saint Nicholai, et si misent l'or que li riches hom i avoit aporté; il [1] ressailli arriere emmi le mostier, anssi com s'il i fust jetés par maltalent, et quant che vit li riches hom il se

1. *Il* se rapporte à *l'or*.

coulça devant l'autel, et si se clama coupable à haute vois, et raconta à çaus qui là estoient chou qu'il avoit fait, tot en plorant; comment il avoit fait avec saint Nicholai uns vaisciel qu'il avoit retenu par sa colvoitise, et qu'il l'avoit dedens la mer perdu et son fil avec. Si com il demenoit si grant duel devant la tombe saint Nicholai, li enfès, qui ses fix estoit, entra el mostier, et tenoit en sa main la cope qui li estoit chaüe en la mer. Quant li peres et la mere virent lor enfant, et tout cil qui là estoient assamblé, il demenoient molt grant joie, ce poés croire, et rendirent grasses et loenges à nostre signor et à monsignor saint Nicholai. Li enfès s'en ala droit à l'autel, si mist sus le cope qui i estoit voée, puis lor conta à haute vois c'uns molt très biaus vix hom s'estoit à lui aparus, quant il fu chaüs en la mer, si l'avoit rechut entre ses mains, si l'avoit porté dusc'al rivage, et li avoit ensagnié droite voie à monsignor saint Nicholai, et puis s'estoit de lui departis. Là ù il contoit ces choses et autres, tout cil qui l'escoltoient ploroient de joie, et si loerent la dolçor de mon signor saint Nicholai et la misericorde nostre signor. Quant che fu fait, et li riches hom ot rendu grasses à nostre signor et à monsignor saint Nicholai du grant miracle, il repaira arriere liés et haitiés, et sa feme et ses fius et tote sa maisnie, en sa contrée. Ore en rendés aussi grasses à la misericorde nostre signeur, qui cascun jor nos mostre les boins examples de ses sains, por chou que nos en amendons nos vies par faire boines œvres, et si nos otroit que nos

SAINT NICHOLAI.

puisçons parvenir à sa glore parmenable, à sa destre.

Uns autres hom estoit en cel tempore qui plains estoit de grant avoir et de grant riqueche, mais soventes fois avient que autressi com li hom devient riches par engieng et par aquerre, aussi devient-il povres par malvaisement garder et par malvaisement despendre. Cil hom dont jou vous ai commenchié à dire, qui riches hom estoit, se fia tant en sa riquece qu'il ne prist garde à son affaire, ne à quel fin il en porroit venir. Tant ala li chose qui mal fu gardée qu'il devint povres, et avoit grant besoigne de ceux qui l'avoient véu riche hom. Si vint à un juis qui en la vile estoit, qui molt estoit riches hom, si li proia molt dolcement qu'il li prestast de son avoir, tant qu'il en péust gaaignier, et qu'il le levast de sa povreté qui sus li estoit corue. Li juis li dist qu'il li aportast gage sor coi il li péust prester. Cil li respondi qu'il n'avoit gage sor coi il péust emprunter ne qu'il i péust metre, car il estoit dekéus; mais s'il voloit il li meteroit saint Nicholai en pleges. Quant li juis l'oï il ne refusa mie le plege, ains dist al crestien : « Jo ne dole mie que cil « Nicholaüs, que tu me vels baillier en pleges, ne soit « preudom et qu'il ne face maint bel miracle, et por « çou que jo sai bien qu'il est amis al grant Dieu et ses « féeus, jo te presterai se tu veus sour ta foi et sour sa « plevine, et jo croi qu'il est hom de si grant aucto-« rité qu'il ne me sofferroit mie trichier en nule ma-« niere. » Dont s'en alerent al' mostier saint Nicholai andoi ensanlle. Li crestiens mist le main sour l'autel

et dist al juis : « Jo te doins cest autel en gages et saint
« Nicholai en pleges que jo te renderai à jor nomé çou
« que tu me presteras à cest besoig. »

Adont se departirent du mostier, puis alerent à le
maison dou juis; si presta li juis une piece d'or, par la
volenté de Dieu, sor cele ymage et sor cele fianche,
et par l'aïe saint Nicholai gaaigna li crestiens del avoir
al juis, tant qu'il revint à la premiere rikeche en molt
petit d'eure. Tant ala li tans que li juis volt r'avoir çou
qu'il avoit presté al' crestien, dont vint à lui, si li dist
qu'il li rendist chou qu'il avoit presté deboinairement.
Li crestiens li proia qu'il li donast un poi de respit, et
il li renderoit molt bien la bonté qu'il li avoit faite. Li
juis fist al crestien chou que il li proia molt volentiers.
Issi li dona trois respis, tant que che vint al quart que
il li dist qu'il li païast se dete. Li crestiens ot oblié la
bonté que li juis li avoit faite, que li dyables l'avoit si
dechéu qu'il noia al juis ço qu'il li avoit presté, et dist
qu'il li avoit bien sa dete paié, et quant li juis oï chou,
il fu esbahis oltre mesure : toutes voies amonesta-il al
crestien une fois et autre par molt dolces paroles qu'il
li rendist chou qu'il li devoit. Li crestiens respondoit
et disoit tout adiès que quanqu'il li devoit li avoit-il
bien rendu et paiet. Tant ala la parole que li juis vint
à la justice de la vile et as sages homes, si lor conta
et dist que selonc le jugement de la cort li fesiscent
rendre. Li crestiens disoit encontre al juis que quan-
qu'il li demandoit li avoit-il rendu tot entirement.

Adont respondi la justice al crestien, si li dist qu'il

li covenoit rendre cele dete, u jurer sor sains qu'il li avoit rendue. Li juis dist qu'il li avoit presté sor le fianche de saint Nicholai, qui preudom estoit, si com il créoit, et se li crestiens sor l'autel qu'il li avoit doné en pleges li juroit, il sofferroit bien la perte de l'avoir qu'il li avoit presté, mais toutes voies savoit-il bien qu'il li avoit presté son avoir et cargiet, et qu'il en estoit bien certains qu'il ne péust estre dechéus en nule maniere.

Or poés oïr et entendre boine foi del' juis qui encore n'estoit baptisiés, car il créoit bien que Diex et sains Nicholais ne sofferroit mie qu'il fesist malvais sairement, ne qu'il perdist sa chose. Al jor qui est establis et mis del sairement prendre et rechoivre, s'assamblerent li juis et li autre pluisor de sa loi, et li crestiens aussi, avec lui autres crestiens en sa compaignie. Li crestiens avoit fait, aussi com par boisdie, un molt bel baston, aussi com por porter en sa main, tout crues dedens, et s'avoit mis en la groiscor le numbre et le pois de l'or que li juis li demandoit, dont il devoit le sairement sour l'autel faire. Si com il aloient ensamble al' mostier saint Nicholai, li crestiens dona al juis cel baston u li ors estoit dedens repus ; si li proia qu'il le portast dusc'à l'église, et por chou le fist li crestiens que il seurement péust jurer que il li éust rendue toute la some de l'avoir qu'il li demandoit. Or poés oïr grant boisdie et grant dechevanche qui estoit el crestiens, qui voloit deçoivre mon signour saint Nicholai, et le juif qui n'entendoit mie la boisdie, mais por çou que chou n'estoit mie chose qui péust estre colverte envers nostre signor, vos conterai comment ceste traïsons fu aperchute. Li juis, qui nient ne savoit de cele dechevanche, prist le baston en sa main, et alerent tant qu'il vinrent al mostier ensamble. Là mist li chaitis crestiens sa main sour l'autel, et si jura sans dolte le sairement dont il voloit le juif dechevoir, et puis se departi de l'autel et traïst arriere. Quant li juis vit chou il fu molt dolans et si dist : « Or verrai-jo « se sains Nicholais, cui jo créi mon avoir et ai créut, « me fera venjance de si grant falseté comme jo ai véue. » Quant li juis ot çou dit, il iscirent tantost du mostier, et si se partirent li uns des autres.

Si com li crestiens s'en r'aloit vers se maison toute sa voie et li juis vers s'abition, si grans talens prist al crestien de dormir que s'il ne dormist uns poi il cuidast bien morir tot erramment; lors se colcha emmi la voie et mist le baston de joste lui, ù li ors estoit, car il l'avoit al juis repris dès che qu'il se departirent de l'église : si s'endormi par la volenté nostre signour. Là ù il dormoit, si comme cil qui entrepris estoit de dormir, uns chars tous cargiés que buefs menoient passa illuec cele voie par aventure, et tant qu'il vinrent là ù cil gisoit. Li bovier, qui les buès menoient, bouterent tant celui qu'il s'esvilla, et si ne porent onques lour buès traire autre voie, ains traisent li buef le char malgré les boviers à force par dessus le ventre al crestien, si l'ocisent et froiscierent tot le baston qui d'alès lui gisoit ù li ors estoit ens repus. Tout cil qui là

SAINT NICHOLAI.

estoient assamblé virent l'or, et bien fu chose séue al puple et à la justice de la cité, qu'il i avoit esté mis por le juis dechevoir. A cele mervelle veoir venoient gens de totes parties, et li juis meismement i vint et prist l'or et le rechut par devant le justice qui illuec estoient, car bien sorent tout que cil crestiens l'en avoient trechiet et dechéu par sa falseté. Lors s'en corut li juis isnelement et tost al mostier saint Nicholai et dist : « Boins sains, jo te renc grasses de ço que tu m'as « loiaument rendu l'or que jo t'avoie bailliet et par la « fianche de toi, et dès or mais te servirai-jou, et honor « te porterai, si comme mon signor et mon ami, por « çou que tu m'as si grant honor faite que tu n'as mie « soffert que jo fusce traïs ne boisiés, et sans nule des- « serte que jo t'aie faite, et se tu cest home resuscitoies « par la vertu de ta merite, saches que jo kerroie en « Dieu et en toi, et toute ma maisnie, et tout cil de « nostre loi que jo porroie trover atorneroie-jo à cres- « tienté. » Et quant il ot che dit, il se departirent de là tout parlant de ces choses qui si estoient avenues, et cil qui mors estoit se releva sains et haitiés, et ala al' mostier monsignor saint Nicholai; si se laischa chaïr devant l'autel et requist pardon de che dont il se rendoit coupables, et s'en repaira arriere à sa maison avec se feme. Quant che vit li juis, il crut isnelement en nostre signor et fist lui baptisier et tote sa maisnie, et très cel jour en avant, tant com il vesqui, servi et honora molt honorablement mon signor saint Nicholai[1].

1. On lit ce trait, mais avec moins de détails, dans la *Légende*

Or poés oïr et savoir que molt grant pitié avoit el haut confessor, qui si oï les proieres del juis et acompli par sa misericorde. Or proions sa grant dolçor qu'ele nos orisons port devant nostre signor qui vit et regne par tous les siecles des siecles; *Amen!*

Une autre fois avint que uns Wandres (che sunt gens sarrasines), iscirent d'une des parties d'Aufrique,

dorée. Michel Cervantes n'a pas dédaigné de l'emprunter à Jacques de Voragine, ou plutôt au jésuite Ribadénéira, qui a reproduit dans sa *Fleur des vies des saints* la plupart des pieuses rêveries du crédule dominicain. L'auteur de Don Quichotte, en homme habile, s'est approprié ce trait, pour faire mieux ressortir la droiture d'esprit et la pénétration qu'il prête au bon Sancho Pança, dans les fonctions de gouverneur de l'île de Barataria. Il nous semble que le lecteur sera bien aise de trouver ici le passage de l'écrivain espagnol. Le voici donc d'après la traduction de Filleau de Saint-Martin.

« Après cela parurent deux vieillards, dont l'un avoit une grosse
« canne à la main, sur laquelle il s'appuyoit, et l'autre dit à San-
« cho : Monseigneur, il y a quelque temps que je prêtai dix écus
« d'or à cet homme, en son besoin, à condition qu'il me les ren-
« droit à ma première réquisition. Il s'est passé plusieurs jours
« sans que je les aye demandés pour ne le pas embarrasser; mais
« comme j'ai vu qu'il ne songeoit pas à me payer, je lui ai demandé
« mon argent plusieurs fois, et non seulement il ne me paye pas,
« mais il nie la dette, et dit que je ne lui ai rien prêté, ou que
« si je l'ai fait, il me l'a rendu; mais je n'ai point de témoins
« du prêt, et il n'en a point du payement, et je vous prie, mon-
« seigneur, de le faire jurer; je l'en croirai à son serment, et s'il
« jure, je les lui donne de bon cœur dès à présent et devant Dieu.
« Que répondez-vous à cela, bonhomme, dit Sancho? Monseigneur,
« répondit le vieillard, je confesse qu'il m'a prêté les dix écus d'or,

SAINT NICHOLAI. 259

et corurent tant par la mer qu'il arriverent en Chalabre, por çou qu'il voloient ardoir et praer le païs. Si com il i furent, il i avoit un Sarrasin qui en une maison trova une table, ne mie molt grant, ù l'image mon signor saint Nicholai estoit painte molt bele, et de molt haute figure. Li Sarrasin le prist, si le mist en son sain, encore ne séust que ço estoit, por ço que li sambla de

« et puisqu'il s'en rapporte à mon serment, je suis prêt à jurer que
« je les lui ai bien et loyalement rendus. Le gouverneur lui ordonna
« de lever la main, et le vieillard donna sa canne à l'autre, comme
« s'il en eût été embarrassé, mit la main sur la croix, comme c'est
« la coutume d'Espagne, et dit : J'avoue que j'ai reçu les dix écus
« d'or, mais je jure que je les ai remis entre les mains de ce bon-
« homme, et c'est parcequ'il ne s'en souvient pas qu'il me les re-
« demande de temps en temps. Le grand gouverneur demanda au
« créancier s'il avoit quelque chose à répondre à sa partie, et il
« répondit que puisqu'il juroit, il falloit qu'il dît la vérité, et qu'il
« le reconnoissoit pour homme de bien et bon chrétien, quoique as-
« surément il ne se souvenoit point d'avoir été payé, mais que doré-
« navant il ne lui demanderoit plus rien. Le débiteur reprit son bâ-
« ton, et sortit promptement de l'audience.

« Sancho remarquant que cet homme s'en alloit sans rien dire,
« et admirant la patience du demandeur, fit quelques réflexions en
« lui-même, et tout d'un coup se mordant le bout du doigt, il or-
« donna qu'on rappelât vite le vieillard qui s'en alloit. On le ra-
« mena aussitôt; et d'abord qu'il parut : Donnez-moi un peu votre
« canne, lui dit Sancho, j'en ai besoin. La voilà, monseigneur, ré-
« pondit le vieillard. Sancho la prit, et la donnant à l'autre vieil-
« lard : Allez, bonhomme, lui dit-il, vous êtes payé maintenant.
« Qui moi ! monseigneur, répondit le pauvre homme, est-ce que
« cette canne vaut dix écus d'or ? Oui, oui, répliqua le gouverneur,
« elle les vaut, ou je suis le plus grand sot qui vive, et on verra tout

nostre forme, quant il l'ot véue et regardée. Il s'en
retorna avec ses compagnons, qui les crestiens prisons
emmenoient, et dist à l'un des crestiens qu'il li ensai-
gnast cui cele ymage estoit, qui en cele table estoit
painte si belement; et quant il ot che dit si li mostra
l'image. Quant li crestien le virent, il l'enclinerent et

« à l'heure si je m'entends en fait de gouvernement; qu'on rompe
« la canne, ajouta-t-il. La canne fut rompue, et il en sortit en même
« temps dix écus d'or. Il n'y eut pas un des assistans qui ne regar-
« dât monsieur le gouverneur comme un nouveau Salomon, et on
« lui demanda comment il avoit connu que les écus d'or étoient
« dans la canne? C'est, dit-il, pour avoir vu que celui qui la por-
« toit l'avoit mise sans nécessité entre les mains de sa partie pen-
« dant qu'il juroit, et qu'il l'avoit reprise aussitôt; et que cela lui
« avoit fait croire qu'il n'auroit pas juré si affirmativement une chose
« que l'autre dénioit, s'il n'avoit été ainsi assuré de son affaire;
« qu'il falloit aussi croire que les juges, tout ignorans qu'ils puis-
« sent être, sont guidés par la main de Dieu, outre qu'il avoit ouï
« dire autrefois à son curé une chose semblable, et qu'il avoit la
« mémoire si bonne, que s'il n'oublioit point quelquefois les choses,
« il n'en perdroit jamais pas une. Les vieillards s'en allèrent, l'un
« bien content, et l'autre confus : et celui qui avoit charge d'écrire
« les paroles et les faits de Sancho, ne savoit plus, après l'avoir
« bien examiné, s'il en devoit parler comme d'un fou, ou comme
« d'un homme sage. » (*Histoire de l'admirable Don Quichotte de
la Manche*, Amsterdam, 1768, in-12, tome IV, page 131). Les
peintres sur verre s'emparèrent aussi du trait de la vie de saint
Nicolas que Cervantes a si bien enchâssé dans son livre; deux beaux
vitraux, dans lesquels ce fait était représenté, décoraient encore il y a
quelques années l'église du Pont de l'Arche et la paroisse Saint-Denis
de Rouen. (Voyez l'*Essai historique et descriptif de la peinture
sur verre*, par M. Langlois; Rouen, 1832, in-8°, pages 116, 117.)

respondirent tout en plorant et disent : « Ceste ymage
« que vous chi vées, si est de monsignor saint Nicho-
« lai, qui molt est essauciés de Dieu et de tout le monde
« par les vertus et par les miracles hautes qu'il a faites. »
Quant chou oï li Sarrasins il le reprist isnelement por
ses compaignons. Dont fu li tere praée, et dont s'en
r'alerent li Wandle en lor contrée. Si emmenerent assés
prisons et avoir et proie, et li Sarrasins, qui avoit l'image
de mon signour saint Nicholai, s'en retorna à se maison,
ù sa feme l'atendoit et toute sa maisnie.

Cil Sarrasins estoit cangieres, riches de grant avoir
d'or et d'argent et de dras de soie [1]. Uns jor avint qu'il
porta avec lui cele ymage; si le mist devant son change,
ù il avoit assamblé son or et sa rikece. Puis parla en
tel maniere, et dist : « Nicholas, pren garde à ces choses
« et garde mon catel, car jo irai aillors en ma besoigne
« ù jo ai à faire. » Issi parla et dist; puis s'en departi
et laisça son change tout apertement olvert. Larron
passerent iluec devant, qui olvert le virent, si empor-
terent l'or et l'argent, et les dras qui i estoient n'i
laiscierent-il mie, ne nule créature, quant il s'en de-
partirent, fors l'image seulement de mon signor saint
Nicholai, qui defors estoit mise; et bien sachiés, vous
qui l'oés et entendés, que ciste chose avint issi par la
volenté nostre signor, por çou qu'il voloit qu'en la con-

---

1. Il nous semble résulter de ce passage que les étoffes de soie
étaient alors d'un tel prix, que les changeurs en faisaient le com-
merce, comme des monnaies et des matières d'or et d'argent.

trée d'Aufrique séust-on, sans doltance, de com grant merite et de com grant vertu me sire sains Nicholais estoit.

Quant li Sarrasins revint il trova son cange tout wit et tot praé, n'il n'i trova nule chose fors tant seulement l'ymage mon signor saint Nicholas. Dont commencha à plorer, et grant duel à demener. Puis se torna devers l'ymage molt tristes, et commencha à parler à l'ymage aussi comme à uns home qui raison entendist; si li dist : « Hé, Nicholas! boine garde mis à mon cange « quant jo t'i laisçai! Que as-tu fait de mon avoir? « Rent-moi mes choses, u jo te baterai tant que jo te « combriserai tout. » Il sailli avant et commencha l'ymage de mon signor saint Nicholai à batre. Et quant il fu lassés, il parla, puis dist à l'ymage : « Certes, jou « t'arderai tout à flamme, se tu ne me rens toutes mes « choses. » Li sains hom mesire sains Nicholas ot pité de l'ymage, aussi que s'on le batist son cors meisme; lors s'en ala molt hastivement u li larron departoient lor choses qu'il avoient prises ou cange al' Sarrasin. Dont parla sains Nicholais à aus, si lor dist : « Hé! « malvais chaitif, c'avès-vous fait? Enne savés-vous que « jo estois là u vos fesistes cest mal et ceste felonie? « Enne vos regardoient mi oel quant vos tolistes et ro- « bastes ces choses et autres. » Lors lor conta la quantité de toutes les choses qu'il avoient au change prises et tolues, puis lor dist : « Sachiés que se vos ne re- « portés toutes les choses que vos avés tolues et robées « el liu u vous les présistes, quant eles estoient en me

« garde, saciés que se vous ne le faites à mon comman-
« dement, que jo vos encuserai, ne ne vos espargnerai
« en nule maniere, que jo ne vos face demain occire. »

Quant li larron virent qu'il estoient en tel maniere soupris, il cuidierent que che fust aucuns hom de la cité qui les eust perchéus, si en furent molt espoenté de grant maniere; et por la paor de mort qu'il orent prisent tout l'avoir qu'il emblé avoient, si le reporterent par nuit al' change dont il l'avoient malvaisement osté et pris. Quant vint la matinée li Sarrasins s'en revint au cange, si trova son avoir et sa riqueche: si fu si liés qu'il commencha à plorer de joie, et lors prist l'ymage, si le commencha à baisier et dist : « Hé! sains « Nicholais, dous et piteus, droituriers et misericors, « sergans au grant Dieu, com tu ies grans sires et « poisçans, qui m'as fait, qui sarrasins sui et sans « creanche, tel bonté! » Lors s'aparut me sire sains Nicholais à lui en forme d'ome, et si li mostra les traces qu'il li avoit faites en son ymage, si li dist : « Esgarde que tu m'as fait pour tes choses. Ore i met « uns autre garde, que jo n'i garderai jamais, se tu me « vels plus batre, et se tu ne crois nostre signour « Jhesucrist, » et lors s'esvanui.

Quant chou oï li Sarrasins, il créi en nostre signour et si fist baptiser lui et sa maisnie, et fist faire une église en l'onor monsignor saint Nicholai, u il demora et sa feme et si fil; si loerent Dieu et monsignor saint Nicholai tous les jors de lor vies[1].

1. Le miracle qui précède fait le sujet du jeu Saint Nicolas, de

LA VIE

Por cestui miracle fu primes conus me sires sains Nicholais en la region d'Aufrique, et ensi crut ses nons à çaus qui n'avoient mie rechut batesme, qui or le croient et honorent. Encor ne/ croi-jo qu'il soit nus lius en tere qui tant soit repus, por tant que gens i habitent, que mesire sains Nicolais ne demostre de ses miracles; et ceste chose ne tiesmoigne mie tant seulement li contrée de Gresse, dont il fu nés, mais toute ensamlle li contrée d'Orient et les teres ù les estranges nations habitent, qui sunt de divers languages. Par toute Aufrique, et cil de Lombardie, et ne mie tant

Jean Bodel, objet principal de cette publication. Il a aussi été mis en scène par l'auteur anonyme du troisième miracle du manuscrit de Saint-Benoît (page 111 de ce volume).

Le P. Angelin Gazée, jésuite, dans un recueil de poésies intitulé *Pia Hilaria*, dont la meilleure édition est celle de Londres, 1657, en deux volumes in-12, a mis en vers latins ce miracle, d'après Ribadénéira (voyez l'ouvrage cité, tom. II, p. 388). Un sieur Remy a traduit une partie de ces singularités mystiques, sous ce titre: *Les pieuses récréations du R P. Angelin Gazée*, Paris, François Targa, 1628, in-12. C'est un petit volume fort rare; il ne contient pas notre miracle.

Il a été rapporté d'une manière très-différente par Jacques de Voragine, dans la *Légende dorée*. Voici comment ce dernier le raconte: « Ung Juifz vit les vertueuses miracles de saint Nicolas, si fist
« faire ung ymaige du sainct et le mist en sa maison, et quant il alioit
« hors il luy commandoit à garder ses choses par telles paroles : —
« Nicolas, voici tous mes biens, je vous commande à les garder,
« et se vous ne les gardés bien je prendray vengeance pour vous
« batre et tourmenter. — Une foys, si comme le juif estoit hors,
« larrons vindrent et ravirent tout, et laisserent tant seullement
« l'ymaige, et quant le juif revint il se trouva tout dépouillé, il

seulement cil, mais par tout le monde a-il eglise, et li fait-on feste, et drois est, por çou qu'il soit en aide à çaus qui le servent à nostre signor, et qui honor li font. Et por chou, biau signor, vous qui oés et qui entendés sa vie et ses miracles, gardés ses festes, et si li requerés consel et aïe; car il set bien conseillier et aidier çaus qui en ont mestier et besoig, et de delloier çaus qui sunt loiet de dolour et de pestilenche, par l'aide de nostre signor qui vit et regne par tous les siecles des siecles. *Amen!*

« arraisonna l'ymaige par telles paroles : — Sire Nicolas, je vous
« avoie mis en ma maison pour garder mes choses des larrons,
« pourquoy ne les avés-vous gardées? Vous en recepvrés cruelz tour-
« mens, et aurés la paine pour les larrons, et je vengerai mon dom-
« maige en tes tourmens, et refraindray ma forcennerie pour toy
« battre. — Et lors le juif print l'ymaige et la tormenta et batit
« cruellement. Dont il advint grant merveille. Car quant les larrons
« despartoyent les choses, le sainct de Dieu, ainsi comme si il eut
« eu tous les tourmens, si apparut aux larrons et leur dit : — Pour-
« quoy ay-je si cruellement esté batu pour vous, et ay souffert tant
« de tourmens? Vées-vous comme mon corps est detranché? Vées-
« vous comment le sang vermeil decourt? Allés et rendés tout
« tantost, ou aultrement l'yre de Dieu tout puissant se forcennera
« en vous griefvement, et que tous sçauront vostre felonnie, et que
« chascun de vous sera perdu. — Et ilz luy dirent : — Qui es-tu
« qui nous dis telles paroles ? — Et il leur dist : — Je suis Nicolas,
« serviteur de nostre Seigneur, lequel le juif a si cruellement batu
« pour ses choses que vous emportastes. — Et lors ilz furent espou-
« ventés et vindrent au juif, et ouyrent ce qu'il avoit fait à l'ymaige,
« et luy dirent le miracle, et luy rendirent tout. Et ainsi les larrons
« vindrent à voye de droicture, et le juif à la foy de Jhesucrist. »
(*La Légende dorée en françoys.*)

Chi commenche li translations monsignor saint Nicholai, comment et par quel maniere ses saintimes cors fu aportés en la cité du Bar, là ù il est encore.

Après toutes ces choses, et pluisors autres qui ne sunt mie escrites, avint que nostre sires, qui poisçans est sor toute créature, volt visiter et embelir la cité du Bar[1], ne mie tant solement la cité, mais toute la contrée, du cors mon signour saint Nicholai, le boin confessor. Si vous dirai en quel maniere. Il avint chose, si com nostre sires le voloit, que marcheant du Bar orent cargié trois nès de forment et d'autre marcheandise por aler en Antioche. Si qu'il furent à la voie mis en mer, volentés lor vint et corages que s'il pooient, al' aler ù al' venir, il prenderoient le cors mon signor saint Nicholas, le boin confessor, si l'emporteroient avec aus al' Bar, ù il seroit tenus en grant chierté et en grant reverense. Dont orent ceste volenté tant qu'il arriverent tot droit al port de Myrre. La cités si estoit .iij. liues en sus du rivage. Dont envoierent uns message en la cité por véir les affaires de la vile et de toutes les parties, et quant il l'ot véu, il retorna arriere, si s'en revint as marcheans qui illuec estoient devant le mostier mon signor saint Nicholai, et li Turc avoient auques la cité praée et destruite. Quant li marcheans virent chou il traisent lour ancres, si se misent

---

1. Bari, ville de la Pouille, au royaume de Naples.

en mer et corurent tant al ore et al boin vent qu'il orent qu'il vinrent en Anthioche et troverent Venissiens, qui venu i estoient pour lor marcheandises, et grant feste se fisent, qu'il estoient tot d'une amour et d'une concordance. Tant alerent lor paroles, si com nostre sires le voloit, proprement il sorent et entendirent vraiement que li Venissien avoient enpensé cele meisme chose qu'il avoient enpensé à faire: c'estoit à tolir le cors monsignor saint Nicholais à Myrre, et porter le cors en la cité de Venisse, car il avoient martiaus et pis aportés en lor nès, dont il devoient le pavement de l'eglise depechier tot coiement. Quant chou sorent cil du castel de Bar il furent assés plus espris de che qu'il avoient enpensé à faire. Si prisent consel ensamble que se nostre sires lor voloit aidier, che seroient-il qui premiers emporteroient le saint cors; jà cil de Venisse, ne cil de la cité de Myrre ne le saroient. Lors misent si lor ententes à aus delivrer de lor marcheandises et du rachater chose qui lor éust mestier.

Quant il orent tout chou fait selonc lor volentés, et lor choses acomplies et atornées, il retornerent à lour nès sans chou qu'il presisçent congiet as Venissiens. Il drechierent lor voiles et ererent tant par mer qu'il vinrent à la cité de Myrre, et quant il furent près il jeterent lor ancres et envoierent deus prestres pelerins, qui estoient en lor nef, à la cité de Myrre, por savoir quel gent il avoit ore en la cité. Quant il orent tout enquis et véu, ils retornerent arriere et disent que li église estoit remese toute seule, nil n'i avoit demoré que quatre moines qui la gardoient, et poi de gent avoit en la cité, car li Turc l'avoient auques gastée, et l'avoient sosmise à lor segnorie. Quant clie oïrent cil de Bar, il corurent as armes vighereusement, et vestirent lor haubers, et misent lor hiaumes sour lour testes, et prisent lour espées en lor mains, et pendirent lour escus à lor cols, et s'en alerent à la cité de Myrre, aussi com por combatre, et cil qui remès estoient as nès gardoient lor choses. Si s'armerent richement, car il doltoient que li Turc ne veniscent; por chou s'aparellierent-il si qu'il ne fuscent sopris. Cil qui aloient vers la cité estoient quarante-sept home fort et hardi en batalle.

Quant il furent oltre en l'eglise monsignor saint Nicholais, ils osterent lor armes, si entrerent ens molt humlement et molt devotement, si se misent contre terre à jenellons devant l'autel, et quant il se releverent il troverent les quatre moignes qui garderent le saintime cors, si parlerent à aus et disent: « Ensagniés « nos et demostrés en quel endroit li saintime cors « saint Nicholai gist en ceste cité qui est appelée Myrre.» Quant cil les oïrent issi parler, il cuidierent qu'il volsiscent devant faire lor orisons et lor offrandes. Lors lor mostrerent premierement le liu dont li oile decoroit. Après lor mostrerent et ensaignierent que illucques gisoit li cors monsignor saint Nicholai. Dont s'assamblerent li quarante-sept tot ensamble, et si demanderent li uns à l'autre li queus depecheroit avant le sepulcre, qu'il n'osoient plus atargier lors de chou qu'il avoient entrepris à faire, car bien savoient que

SAINT NICHOLAI.

s'il y estoient sopris il ne porroient escaper en nule maniere. Molt les destraignoit chou que li vespres aprochoit durement, et li lieus et li tere lor estoit ensaigniés à parfaire chou que li roi et li duc de la region ne porent onques faire, ne acomplir. Chou lor grevoit que la voie estoit si longue à retorner à lor nès. Là ù il parloient issi, et disoient ceste chose et pluisors autres, une grant paors vint as moignes qui gardoient le cors monsignor saint Nicholai de ce que cil de Bar ne lor volsiscent tolir; pour chou parlerent ensi et disent : « Biau signor, por quoi demandés-vous issi en-
« tentiement ù li cors monsignor saint Nicholai gist ?
« Nous cuidons que vous voelliés avoir son cors par
« aventure ; bien sachiés que chou (ne) porroit mie
« estre soffert legierement : miels volrions mort soffrir
« que nos le consentisçons. » Li marcheans respondirent et disent : « Sachiés-vous vraiment que por chou
« soines nos venu en ceste contré; si vos prie que vos
« nos ensaigniés lo vrai lieu ù li cors gist, que nos en
« vain ne nos travillons mie. »

Quant li moigne oïrent qu'il doltoient encore la certaineté à savoir de la sepulture, il se repentirent de cho qu'il lor avoient mostré, et disent : « Il nos poise
« de chou que nos vos avons monstré et ensaignié le lieu
« dont li sains oiles decors; mais soit chi li vrais lius ù
« non, messire sains Nicholais ne sofferra jà que vos
« l'atouciés en nule guise. Por cho vos disons nos que
« vos en ailliés et departés de ceste cité, que la novele
« n'en voist à ceus de la vile, car il vos feroient bientost

« traire dolor et male aventure. » Quant chou oïrent et virent cil de Bar qu'il ne le porroient avoir en nule maniere, il parlerent si com vous orrés jà, por chou qu'il cuidoient çaus radolcier. « Biau signor, fait-il, « sachiés que li apostoles de Rome vint au Bar, qui est « nostre cités, à très grant compagnie d'archevesques, « et molt i ot clers et prestres et autre gent qui s'i as-« samblerent. Li apostoles nos envoia à ceste cité, atot « trois nés por le cors sains Nicholais avoir; car sains « Nicholais, li confessors, s'aparut à lui en vision, si li « commanda qu'il le feist aporter en nostre region, et « si fist-il sans doulte; se vos issi le volés, com li apos-« toles le vos mande, nos vos donrons de cascune nef « cent sols de tornois d'or, por chou tant seulement « que nos puisçons en pais departir de vos, atout le « cors que nos emporterons. »

Quant les gardes du saint corps oïrent ces paroles et (véirent) çaus qui estoient aparilict por depechier le pavement de l'église, et por tolir le saint cors, il devinrent anssi com tot mort et perdirent lor color et lor force de tous lor membres. Et quant che virent li citoain de Bar que li moine menoient tel duel et forment ploroient, il lour offrirent or et argent grant masse, et les commencierent à adolcir par dolces paroles. Mais li quatre moines ne prisoient tot cho nient, ains sospirent et pleurent molt durement, et crient à haute vois : « Diex! qui porroit-il estre qui seroit vendere de « si haute chose, ne de si precieuse comme cil cors est? « Qu'est chou qui porroit estre comparé à si saintime

« trésor? Chou n'est pas ors, ne argent, ne pieres pre-
« cieuses. Li prince de ceste contrée et li haut home
« de Gresce ont cho essaié maintes fois à faire, mais
« ainc n'en porent à cief venir; et comment le feroient
« dont home estrange, que nos ne savons qui il sunt,
« ne dont il vienent? » Quant il orent issi parlé li un
contre les autres, li moigne se penserent que, s'il
pooient issir de laiens, il assambleroient le cri de la
cité, et si i venroient les gens de la contrée. Quant
chou aperchurent cil de Bar, ils prisent les moignes,
si les fisent bien garder tous quatre, et après fisent
armer lor compagnons, et fisent bien garder l'uis de
l'eglise. Puis se misent à la porte de la cité, por çou
que nus hom forains ne lor péust nuire, et dirent à
çaus dedens que nus ne péust iscir fors, ne que de
riens s'aperchéuscent por lever cri.

Quant il orent issi fait, doi de lor jouenenciaux, fors
et hardi, prisent maus de fer, et commencierent à de-
pechier le marbre qui sor le tombe estoit. Li uns des
jouenenciaus avoit à non Mathius et li autres Alixan-
dres; et quant il virent que maus ne coutraires ne
lor avenoit, il s'asseurerent et disent à lor compagnons
qu'il ostascent le ciment qui estoit près du marbre, à
peuls de fer et d'achier, dusques adont qu'il trovascent
le tombe ù li cors saint gisoit et estoit enseelés, et il
si fisent, et quant il orent le sarcu depechié et des-
covert, si ne l'oserent debrisier, n'il ne sorent qu'il
péuscent faire. Tant que Mathius, qui plus estoit
hardis de tos et de boine devotion, feri du pié dessus,

tant qu'il brisa le tombe qui estoit de blanc marbre, et si estoit tos aparelliés de rechevoir venjanche, se messire sains Nicholais li volsist faire por la grant presumption qu'il avoit faite. Tantost com la tombe fu brisié en issi si grans dolçors, et si souef odours, qu'i le péust comparer à nul delit terrien, et cil qui illuec estoient present ne le sentirent mie tant seulement, mais cil qui estoient al rivage remès as nès, et cil le sentirent aussi com s'il fuscent present en l'eglise, et si avoit du port dusc'al mostier trois liues toutes plenieres. Por çou sorent-il que messire sains Nicholais avoit consenti chou que il voloient faire, si en demenerent grant joie. Dont s'aproça li jouenenciaus que jo vous ai nomé de la tombe qu'il avoit brisié, si qu'il bouta ses mains dedens en l'oile, dont il le ondoioit toute; si prist les reliques monsignor saint Nicholai qu'il baisoit molt volentiers, puis les bailla à deus provoiles, qui illuec estoient, dont li uns avoit à non Lupus et li autres Grimoalrus. Si lor commanderent qu'il les envelopasçent en uns drap de soie; dont quist par tout et à grant loisir, et traist fors de l'oile ù li os flotoient. Al daarrain ne pot mie le chief trover à sa volenté, car il estoit colvers de ne sai quel coverture.

Lors entra en le tombe tous descauchiés et tous vestus, sans paour et sans dolte; si prist le chief tot par lui, et les os grans et petis, si com il ondoioient en l'oile dont il i avoit grant habundance. Il meismes li joines hom estoit tous enoins de la liquor de l'oile, si que sa vestéure en degoutoit toute, si que si compagnon avoient grant paor qui li disoient : « Coment « vos est ? » et il lor disoit qu'il n'avoit onques mais esté si aséur, com il estoit ore en cel point, ne n'avoit éu si grant joie ; si en rendoit grasses à nostre signor et à monsignor saint Nicholas. Cil de Bar qui cho regardoient s'en elleechierent molt durement, et li moigne, qui che virent, qui le cors devoient garder, il ploroient et disoient : « Hé! sains hom, dont te vient « ore si legiere soffrance envers les estranges gens et « envers le tiens as si grans felonie? U est ta benignités « et ta pitiés ? hé! quel tans sunt ore en nostre venue « quant si grans misere nos est avenue ? U fuirons-« nous quant guerpiras ceste contrée ? » A ces paroles s'en alerent cil de Bar vers la mer, qui le saint cors emportoient envolepé de dras de soie. Tot loerent nostre signor de devine loenge, encore ne fuiscent-il mie clerc. Cil qui le saint cors portoient ne le sentoient mie pesant. Mais les goutes de l'oile degoutoient sor lor dras, qui si soef flairoient que c'estoit li plus dolce chose del mont, et li plus delitable ; et bien saciés qu'il n'i laiscierent mie les pieces de la tombe qu'il avoient depechié, à li sains cors avoit jéu, ains les emporterent avec aus en lor contrées, et puis furent eles departies as evesques de Lombardie, et les misent en auteus et en tables. Lor compaignon qui estoient remès por garder les nès oïrent le grant noise qu'il faisoient. Si alerent à l'encontre à grant joie, et aorerent nostre signour de toute lor créanche, et quant il furent assamblé sour le mer, il atornerent le saintime cors al plus belement qu'il porent, selonc le tans et l'ore qu'il orent, si le misent en une de lor nès, mais il estriverent ainsçois en laquele il le meteroient, tant qu'il à l'une s'acorderent. Puis traisent lor ancres et drechierent lor voiles, et drois leverent lor mas por tost colre; si se partirent du port à grant joie, car il orent boin vent et fort et droiturier qui tost les mist à la voie. Entre ces choses li moine qui avoient le saint cors gardé le disent à ceux de la cité de Myrre, et ainsçois le fisent savoir à ceus du castel, qui en sus de la cité de Myrre estoit, totes les choses qui avenues lor estoient, car plus avoit là gens assamblé qu'il n'en éust en la cité de Myrre, car jà estoit près que toute gastée. On ne porroit pas conter ne dire le grant dolor qu'il orent.

Quant ceste aventure lor fu dite et retraite, encore creoient-il à paines que mes sires sains Nicholais soffrist que nus l'emportast en ceste maniere. Quant il en furent bien certain pour chou que li moine menoient tel dolor et si grant cri, il furent tot esbahi; si s'en coroient à la mer home et femes, jouene, viel, enfant petit, puceles et tout cil del castel communalment; nus ne s'i espargnoit de faire grant duel, et quant tous li pais fu esméus et il furent venu jusc'à la mer, et il ne virent nule des nès, il commencierent lor caveus à detirer, et lor barbes à derrompre, et lor pis à batre, et à crier à haute vois, et disoient: « Hé! gent qui « estes vous dont qui osastes tel hardement faire? et

SAINT NICHOLAI.

« dont vos vint ceste folie si grans que vos fustes si
« orguillos que vos osastes tolchier à nos saintes re-
« liques? et que de si grant ore osastes venir à nostre
« église de Myrre? car bien a sept cens ans et soixante
« cinq, et sunt passé, que nus empereres de Constan-
« tinoble, ne nus rois de Gresse, ne nus princes, tant
« fust poisçans en cest siecle, ne fu, qui osast faire che
« que vos avés fait. » Che disoient-il et demenoient
grant dolor; li pluisors se laisçoient tot caucié et tot
vestu chaïr en la mer et crioient : « Home du Bar,
« rendés-nos nostre pere et nostre signor et nostre
« paistre. » Cil de Bar n'estoient encore mie si eslon-
giet qu'il ne les oïscent bien, mais tant alerent lor
droit cors qu'il vinrent à l'ille qui Baivis estoit apelés.
Là vinrent icele nuit et se reposerent seurement.
D'illuec traisent lor ancres si s'en alerent à l'ille de
Maiestre, et puis vint un vens qui les jeta vers la cité
de Patere qui n'estoit mie grammrent loins de la cité
de Myrre.

Là avoit esté nés sains Nicholas, por che se dol-
toient que li sains confessors nostre signor n'i volsist
demorer. Por chou s'efforcierent-il tant qu'il furent en
sus de la cité jà vingt quatre lieues de mer, tant qu'il
vinrent à une ille qui Macre estoit apelée. Lors orent-
il trois jors et trois nuis si grant tempeste qu'il ne se
porent movoir. Et quant il se furent issi ateré si se
reposerent les ondes. Si se complaignoient et disoient:
« Biaus sire Diex, por coi nos vient ceste tempeste?
« C'est por chou que nos n'avons mie le cors saint Ni-

18.

« cholai, si com nos cuidons, mais se nos l'avons il ne
« sofferra mie que nos avant le portons, et miels nos
« vient-il que nos le reportons à la cité de Myrre que
« nos aions sen maltalent ne s'ire. » Issi se complaignoient tant que che vint à la nuit que uns d'aus, qui Huistassies fu apelés, vit en son songe, là ù il se dormoit, car ondes li trenchoient le langue et depeçoient ; et quant che vint à la matinée si a dit à ses compaignons qu'il ne doltasçent mie du cors monsignor saint Nicholai qu'il ne l'éuscent, mais li uns d'aus l'avoit violé de che qu'il ne l'avoit mie laiscié entir el paile ù il l'avoient mis. Dont commenchierent entr'aus à parler et à tenchier, tant que li uns d'aus qui Rodouvaldus estoit apelés, et quatre autre rejéhirent qu'il avoient emblé deus des dens monsignor saint Nicholai, et mis en une boise, si que cele boise n'avoit, puis ce di qu'il i avoit esté mis, finé de colre de la liquor del saint oile. Dont les prisent et les remisent arriere avec le saintime cors, si qu'il i fu tos entirement. Lors jurerent trestot sor sains qu'il n'osteroient nule des autres reliques, puisqu'il desplaisoit à monsignor saint Nicholai ; et bien saciés vos qui oés et entendés, c'onques nus ne pot oster ne departir du cors monsignor saint Nicholai nule chose, ains est au Bar entierement, ne nus n'en a riens fors la liquor de l'oile, qui de son cors decort, et qui autre chose en tesmoigne, se l' tenés à mençoigne.

Quant che fu fais que je vous ai dit, et li mers fu apaisié, si entrerent ens, si alerent par l'aide de Dieu et de monsignor saint Nicholai, tant qu'il vinrent al port saint Jorge, le glorieux martyr, qui est à trois liues de la cité de Bar tant seulement. Quant il orent jeté lor ancres droit al port, il issirent; si fisent uns molt bel œstil faire de fust, et puis le fisent aparellier de fors et dedens de deus plus biaus dras de soie tous à or battus qu'il avoient aporté d'Andioche, et puis si le misent ens par molt grant devotion et par molt grant diligense. Après quant tot che fu fait il envoierent à la cité de Bar sergans qui porterent la novele et la grant joie et la très grant boine aventure à tot le pueple qui lor fu avenue. Il departirent du port monsignor saint Jorge et corrurent tant al boin vent qu'il vinrent al Bar, et prisent port lor trois nès à molt très grant joie. Lors acorurent à aus lor ami et lor parent de toutes parts, et tout li puples de la cité, clerc et chevaliers et dames et borgois viel et jovene. Nus ne porroit conter ne dire la grant joie, ne la grant leeche qui là fu menée. Cil de Bar n'i estoient mie tant seulement, ne faisoient feste, mais tot cil du païs environ i acoroient de totes pars des cités, des castiaus et des viles, et là ot grant joie à li sains confessors fu mis fors de la nef, et plus grant quant il entrerent en la cité. Adont les cloques sonerent, si s'esjoiscoient li clerc de la cité (qui) estoient revestu, (et) alerent encontre à crois et à encensiers, si com raisons est. Dont s'en alerent ensamble tout cil qui là estoient assamblé al saintime cors, et le porterent donques al mostier monsignor saint Benoit qui estoit en la cité, et là le misent sor l'autel, à dols cans et à grant loenge qu'il cantoient, et puis se misent tout arriere et puis le loerent et beneirent. Cil qui l'avoient aporté de la cité de Myrre le gardoient tout armé de haubers, que alcuns des haus homes ne lor volsisçent tolir à force por metre en autre liu; que li archevesques de la cité meismement estoit adont à la cité de Trache, et si devoit aler à la cité de Jherusalem, et si tost com il oï ceste novele il revint arriere à la cité de Bar : si gracia molt nostre signor de la grant joie qu'il ot, et benei sains Nicholai et sa venue.

Dont le volt porter al mostier de l'evesquié, et porter l'i voloit à molt grant segnorie, mais cil qui l'avoient aporté de Myrre ne le volrent mie soffrir; ains ot entr'aus et l'archevesque grans contens, et grant mellée en dut venir. Toutes voies l'emporterent li boins notonier qui aporté l'avoient par la porte saint Benoit qui est devers la mer, tant que il vinrent à uns liu c'on apeloit Cathapan. En cel liu ellurent-il une des plus beles parties por faire une église al saint confessor; lors commencierent l'église à faire et à commencier, et à esploitier tout li olvrier de la vile, tant qu'ele fu en molt petit d'eure esploitié et parfaite, si com ele est encore aparans; et en cele eglise misent le cors mon signor saint Nicholai qui encore s'i repose; et se nus velt savoir et enquerre combien il ot de l'incharnation al fil de Dieu dusques à cesti translation, dont sacent-il vraiement qu'il i ot mil et quatre vingt et sept ans; et al daarrain an que li sains hom estoit en vie fu-il al concile de Nique[1], molt viels et molt de grant eage, uns de trois cent et vingt huit peres qui i furent. D'illuec s'en alla-il à Myrre et vesqui puis cele eure molt petit; si fu ensevelis en l'eglise et là fu-il et jut sept cens ans et quarante et uns. D'illuec entra-il en la cité de Bar; là fu aportés le disime yde de mai, si com nos créons, et uns jor de diemence al vespre. Adont estoit li emperere de Gresse Alexis[2], qui estoit sains hom et boins crestiens et estoit de Costantinoble qui de Constentin l'empereor estoit apelée[3].

Uns dervés estoit en la contrée de Bonivent[4] qui si estoit hors du sens, et plains de si grant rage c'à paines le pooient doi home tenir à force. Quant cil qui le gardoient oïrent parler de la venue du cors saint qui à Bar estoit aportés, il penserent qu'il i menroient

---

[1]. Premier concile œcuménique, tenu à Nicée, en Bythinie, l'an 325. On ne peut concilier ce passage avec ce qu'a dit l'auteur, page 247, que la mort de saint Nicholas arriva en 309. Il est inutile, dans un ouvrage apocryphe, comme l'est celui-ci, de chercher à concilier de si lourdes erreurs.

[2]. Alexis Comnène, proclamé empereur en 1081; ce qui se rapporte avec la date de l'an 1086, que l'on donne à la translation des reliques de saint Nicolas.

[3]. L'histoire de la translation des reliques de saint Nicolas ne repose sur rien de solide. L'abbé de Fleury l'a néanmoins rapportée d'une manière assez conforme au récit de l'écrivain du treizième siècle. (Voyez l'*Histoire ecclésiastique*, livre LXIII, chap. 32.)

[4]. La vallée de Bénevent, au royaume de Naples.

le dervez. Quant li chatis aperchut qu'il l'i voloient mener, il fu encontre quanques il pot et crioit à haute vois et disoit que por nient le menoient, que sains Nicholais n'y estoit pas, ains estoit en la cort al sovrain roi, et dusques al tierc jor qu'il serroit repairiés n'i volroit force nient qu'il voloient faire de lui mener por lui garir. Che disoit li dervés, mais totes voies le menerent-il vers monsignor saint Nicholai, et al tierc jour, emmi voies, fu-il garis de sa grant malaventure.

Après vint uns hom qui estoit tot liépreus à uns de chaus qui avoit esté à l'aporter le cors monsignour saint Nicholais, si li pria li liépreus qu'il li donast de s'oile, qui sainte estoit, qu'il avoit avec lui aportée, et cil si fist. Quant cil l'en ot doné, li liépreus en oinst ses mains dehors et dedens, et tout son cors et derriere et devant, et par la proiere monsignor saint Nicholais fu garis de la lepre crueuse. A la meisme eure qu'il vint à la cité de Bar, à l'eure de vespres, i furent sané soixante huit homes de diverses maladies qu'il avoient, et estoient aportés illuec de diverses parties, et s'en retornerent à grant joie sain et haitiet. A lendemain al lundi vint uns hom de la cité de Pise, qui uns brac avoit perdu, et si ert clocans de deus piés; cil fu garis et sanés et maint home de la cité de Bar, dont longe chose seroit à raconter, ne à dire. Al mardi i furent venu molt de malades des castiaus et des viles environ; si furent mis el mostier saint Benoit, ù li cors monsignor saint Nicholai gisait devant l'autel : premierement i fu garis uns orfenes qui avoit les bras sechiés par maladie, et li oel de sa teste perdu. Après une povre feme, qui estoit sorde et clope de deus piés, ele fu garie; et puis uns autres enfès qui estoit hors du sens. Après une pucele qui avoit à non Armenie, qui molt longement fu travillié du dyable qui le faisoit derver, et après trois femes, dont li une estoit sekié tote, et li autre emprise par tout le cors d'enfermeté, et li autre lunage et paralitique.

Et puis i fu garis uns pelerins, en cele meisme cure, qui avules estoit, et si avoit la destre main sechié. Al merquedi fu li sains cors portés al liu ù li eglise est ore, et là ù ses cors repose. Là furent garis et sané quarante trois de pluisors maladies. Al juesdi s'aparut mesire saint Nicholais à un saint moine; si li commanda qu'il desist al pueple qu'il ne se desesperast pas, car cel jor devoit-il aler en Gresse, par le commandement nostre signor. Cel jour fu garis uns jouenenciaus qui ert sor et avules et muiaus; issi l'avoit li dyables tormentés par sept ans, en grant derverie. Al venredi avint que Herviels, qui estoit evesques de la cité de Vocontheve[1], vint por voir le saint cors et proier nostre signour pour ses pechiés, et le boin confessor saint Nicholai, et cel jour meisme vint li archevesques du Bar, et Gonduins, li archevesques d'Argentine[2], et

---

1. Ce nom paraît être une altération de *Vocontium*, ville des *Vocontiens*, anciens peuples de la Gaule narbonnaise.

2. *Argentina* était l'ancien nom de la ville de Strasbourg; il y a aussi un bourg de ce nom dans le royaume de Naples, dans la Calabre citérieure; mais ce passage ne peut pas s'y rapporter.

Lyons, de la cité de Cupersane [1], et troi autre evesque, et tout li clerc de la cité des Cans [2], et grans partie de l'autre Pule, et si i vint li archevesques d'iceles vesquies, et fist satifation à saint Nicholas de cele force que il volt faire quant il volt porter saint Nicholas en le maistre eglise de la cité. Al samedi à none fu mes sires sains Nicholais, repairiés de sa contrée de Gresse, ù il fu alés, com il avoit dit al moine en avision. A icele ore furent quarante malade gari et respassé de lor maladies.

Après chou molt petit de tans furent ralumé trente avule. Si avint que dedens cele semaine i furent sané sept vingt malade et cinq de quelconques maladie qu'il éuscent aportée, par la merite monsignor saint Nicholai, le glorious confessor nostre signor, et trois mort i furent ressuscité de mort à vie, si que nos meisme à nos propres oels le véimes : car il i ot uns enfant, fil à une haute dame de Bonivent, qui par la dolor de son cors i rendi l'ame. Li dame fist à ses sergans porter le cors, tout envolepé en son suaire, devant le cors monsignor saint Nicholai, et tantost com li sergant qui le portoient entrerent es portes de l'oratoire, si se commença li enfès à movoir et descolvrir le suaire dont il ert colvers, devant le grand torbe des

1. La ville de *Conversano*, au royaume de Naples, dans la province de Bari. Elle s'appelait en latin *Conversanum*, ou *Cupersanum*.

2. *Campli*, ou *Campoli*, ville du royaume de Naples, dans l'Abruzze ultérieure, au pied des Apennins.

SAINT NICHOLAI. 283

gens qui assamblé i estoient. Issi ot-il vie rechéue par la volenté nostre signeur et par la proiere monsignor saint Nicholai. Li mere fu molt lie et molt joiouse por son enfant. Ele fist faire uns ymage de saint Nicolas, si le fit metre sur l'autel à tesmoig de si grant miracle.

A cel tans estoient home cousin qui se penserent qu'il iroient à saint Nicholai au Bar en pelerinage, de la contrée ù il manoient. Li doi estoient riche, si s'acorderent tant entr'aus qu'il s'acompaignierent à uns despens, pour estre ensamble, à venir et à aler tote le voie; et le tierc por chou qu'il estoit povres le misent hors de lor compaignie, et li povres hom lor prioit par Dieu et pour l'amour monsignour saint Nicholai, et por le pelerinage qu'il à lui avoient qu'il ne le guerpesiscent mie, ains le laisçascent aler avec aus com uns estrange : che lour prioit-il que Diex et mesire sains Nicholais lor aidast et consillast. Cil n'en volrent onques riens faire, ains le jeterent fors de lor compaignie. Li povres hom commencha à plorer, et à estre molt dolans tant qu'il s'endormi en ce anui et en cele ire.

Cil qui les trois pucelles rachata de hontage li vint en aide, et si li bouta en sa main là ù il dormoit douze deniers d'or, et quant il s'esvella il trova le don que Diex li avoit fait, en son saim; si en fu molt liés et sivi ses compagnons isnelement, et quant il les ot trovés, il ne cela mie dont li grans joie li estoit venue; dont alerent tout ensamble; dont il lor avint par l'enortement du dyable, et par la grant covoitise de l'or qu'il savoient que cil avoit, (*qu'il*) commenchierent à tenchier à lui, et tant qu'il le navrerent et occirent, et por chou qu'il cremirent qu'il ne fuscent pris en icele malaventure, prisent le cors, si le trainerent el premerain bos qu'il troverent, là le colvrirent de raisciaux et de fuelles, puis se misent à la voie. Mais sains Nicholais, li boins confessors et li boins peres, fu molt dolans des chaitis qui à lui aloient en pelerinage, si ne volt mie qu'il perdiscent lor traval de si longue voie : pour chou s'aparut-il à aus en guise de pelerin, et si avoit en lui clere samblance; quant il fu od aus acompaignies il lor demanda u il aloient, et il respondirent qu'il aloient à monsignor saint Nicholai ; li sains hom lor dist : « Ma-« léureux! retornés, car vous avés trop corechié Dieu et « son sergant, por chou que vos avés si cruelment occis « vo compaignon que vos avés là en cel bos colvert de « fuelles. »

Quant il virent qu'il estoient si pris, il se laiscièrent chaïr à ses piés, et puis li proierent qu'il ne les encusast mie; li sains hom en ot pitié, si les mena arriere al cors, et quand il l'ot descolvert de la fuelle, il fist le signe de le crois sor lui, et ses orisons à nostre signor molt humlement ; et tantost se leva sains et haitiés et plains de vie. Adont sains Nicholais s'esvanui d'aus, et cil s'en alerent ensamble, si grascierent nostre signour et saint Nicholai ensamble, si com il durent faire, et puis repairierent en lour contrée.

Uns autres jouenes hom requist adont, en cel tempore, monsignor saint Nicholai, et se departi de la

SAINT NICHOLAI.

contrée ù il manoit par grant devotion, si com il demostra en la fin de s'uevre; car quant il fu venus à la cité de Bar, il vit c'on faisoit l'eglise monsignor saint Nicholai. Par grant estude, il se dona del tout à l'uevre, si ne volt mie retorner, ne cure n'en ot. Li dyables, qui est plains d'envie à çaus qui bien voelent faire, entra en un compaignon, qui molt estoit fel et deputaire. Un jor avint que li jouenes hom et ses crueus compains aministroient pieres ensamble al machons, qui l'uevre faisoient. Il olvrerent dusc'al vespre, mais issi avint qu'il tenchierent ensamble et se corechierent por ne sai quel chose. Li tenchons fu remese et guerpie, et li olvrier laiscierent oevre, qui en maint liu se departirent. Cil doi sans plus demorerent; li uns pour chou qu'il estoit volentiers à l'uevre, li autres pour chou qu'il le baoit à occire; et li malvais compains vit qu'il estoient tot departi, il commencha le joine vallet à laidengier en molt de manieres, tant que, par l'enortement du dyable, le feri si du martel qu'il l'ocist; puis prist le cors, si le mucha entre les pieres. Or poés oïr grant traïson et grant felonie, mais contre Dieu ne puet valoir nus engiens ne nule dechevanche, car al. matin fu li cors trovés par la trace du sanc. Tantost fu portés li cors devant le benoit coufessor saint Nicholai, et lors fu cil resuscités sans demorance; car cil en cui service il avoit esté occis ne voloit mie qu'il perdist la vie en tel maniere. Adont conta li jouenes hom à tous çaus qui là estoient comment ses compains l'avoit occhis par envie, et li homicides qui le murdre avoit fait s'enfui de la cité, mais n'ot mie gramment alé quant li dyables li entra u cors, si le covint par force retorner arriere. Là fu-il garis en l'eglise meismement par le proiere monsignour saint Nicholai, le vrai confessor. Or poés savoir à chou et à autres choses de com grant vertu et de com grans merites il fu envers nostre signor : issi secort-il çaus qui le servent.

Uns miracles qui vient après ne fait mie à taire en nule maniere, ne drois ne raisons ne serroit. Il avint en la cité del Liege, à cel tans que Colras fu empereres d'Alemaigne. Il avint en la cité du Liege et en la contrée tot environ que les gens moroient si soldainement que nus n'i estoit si haitiés k'il éus esperance de vie ; n'il ne savoient que faire. Li sage home de la contrée qui molt sovent reclamoient Dieu et sa misericorde, que jà sitost ne s'acolçast li home ne li feme malades, qu'il avoient tantost perdue toute l'esperanche de garir. Adont avoit uns clerc en la cité, qui molt estoit piteus et misericors, et molt amoit les povres, mais uns maus li prist à la maniere qu'il prendoit les autres. Quant cho sorent cil de la cité cui il sostenoit, il commenchierent tout à plorer et à plaindre, aussi com s'une autre pestilense fust en la cité venue ; car il cuidoient bien et disoient, s'il perdoient celui de cui il estoient aidié et secoru qu'en la cité n'aroient mais secors ne aide. Une feme qui estoit de cele compaignie vint là ù li clers gisoit qui jà traioit à la fin, si li dist : « Biaus sire, sacies que mesire sains Nicholais est de si

« haute merite envers nostre signor, et se tu à lui l'o-
« troioies par boine devotion, il est bien poisçans de ti
« secolre à cest grant besoig, et ne dolte nient de sa mi-
« sericorde, mais commande uns cierge à faire, qui toute
« jour et toute nuit arge devant uns saint autel, en quel-
« conques liu tu volras, et que tu par la proiere de lui
« puisces avoir secors et aide. » Cil qui nule chose ne par-
voloit laiscier à faire dont il cuidast que sa grans dolors
fust alegie, dist que on fesist cele chose que cele feme
avoit dit. En cele meisme nuit li aparut uns clers,
viels hom, si le regarda molt piteusement et li dist:
« Li grasse monsignor saint Nicholai t'otroie et done
« que tu vives sains et garis de ta maladie. » Dont
s'esvella li clers, qui sentoit jà que li santés li venoit par
tout son cors, si fu molt lies de la celestiel avision
qu'il avoit veue. Lors conta à la feme comment mesire
sains Nicholais s'estoit aparus à lui, et qu'il avoit bien
véu qu'il respasseroit par sa grasse, et il si fist sans
demoranche. Tout cil qui estoient entrepris de la ma-
ladie dont il moroient par la contrée, il apelerent saint
Nicholai et li proierent qu'il les delivrast du peril ù il
estoient. Li sains confessors oï lor orisons et lor proie-
res, si delivra de cele pestilenche la contrée. Li clers,
qui garis en fu premiers, qui l'avision avoit véue, fist
une église faire en l'onor de monsegnor saint Nicholai,
par grant devotion, par dalès Sainte Crois [1], en la cité

1. L'église collégiale de Sainte-Croix de Liége a été fondée vers l'an 979, par l'évêque Notger.

du Liege : là est servis et honorés de pluisors gens qui le reclaiment.

Au tans que mesire sains Nicholais trespassa de vie, et qu'il ot rendue l'ame à nostre signor, sen glorious pere, estoit venus en la cité de Myrre uns hom qui Getes estoit apelés, de molt lontaines contrées, qui voloit avoir sa benéïçon, et de ses pechiés secors et aide. Quant Getes trova mort monsignor saint Nicholai, qu'il cuida bien trover en vie, il fu molt dolans, et dist as prestres et as clers que par misericorde li donascent alcune chose des vestimens al preudome, por cui Diex faisoit tant bel miracle. « Biau signor, fait-il, jo sui
« venus de molt lontaignes teres, pour avoir sa be-
« néïçon, mais nostre sires n'otroia mie que jo vif le
« trovasce, ne de mes oels le véisce, ne esgardasce ; por
« chou vos proi que vos me donés un poi de ses reli-
« ques, que jo tenrai pour l'onor de lui en molt grant
« reverense. » Li prestre et li clerc oïrent chou qu'il lor requist, et virent le desirier que cil avoit, si li donerent uns des dras le saint home. Quant Getes ot rechéue la vesteure, il en fu molt liés à merveles, puis s'en retorna arriere et dist : « Biaus sire Diex, jo te renc
« grasses de chou que jou emporc des reliques ton
« benoit confessor, et si te proi, biau sire, pour ces
« reliques de monsignor saint Nicholai, que tu me
« dones uns fil, à l'onor de toi, et à ma joie, et qu'il
« porfit de toute créature. »

Issi repaira Getes arriere dusques à la cité dont il estoit venus, qui Excoradie estoit apelée, et quant il

SAINT NICHOLAI.

vit Eufrosine, il li dist molt liement : « Vés-ci de la
« vestéure monsignor saint Nicholai, que tu as tant
« desirée, or prions nostre signor et le benoit confes-
« sour qu'il nos doinst uns enfant dont nous aions joie. »
Li dame, qui ot molt grant joie, commencha à dire :
« Biaus sire Dix, glore soit à toi qui si grant joie nous
« as otroié, que nous avons des reliques monsignor
« saint Nicholai, que Diex et li vrais confessors nous a
« otroié à avoir. » Lors commencha à proier à son
baron que il fesist faire une eglise en l'onour monsignor
saint Nicholai, que Diex et li vrais confessor lor acom-
plesist lor desirier par ses proieres et par ses orisons.
Getes li otroia molt dolcement et de boin cuer. Si fu
commenchié l'eglise à la porte devers Orient. Quant ele
fu achievée et faite, Apollines, qui vesques estoit de la
cité, le benéi et dedia, en l'onor et en le memoire de
monsignor saint Nicholai, et si mist ouens le drap que
Gestions avoit aporté, à grant reverense et à grant
feste, et là où le metoit en uns liu covenable, qui fais
estoit et aparilliés par grant estude, il en issi une si
grans odors c'on le senti d'une liue loins. Adont com-
mencierent bel miracle à venir en cel liu; car de
quelcomques liu li malade i veniscent, par la merite
monsignor saint Nicolai garisçoient sort et avule et de-
venoient gari et sané de lor maladies. Tout cil de la cité
rendoient grasses à nostre signour qui si grans miracles
voloit et daignoit demostrer al pule par monsignor
saint Nicholai. Getions prioit Dieu et requeroit que
par sa misericorde li donast lignié de sa feme : tant

proia ceste chose et requist que la dame enchainte fu et grosse.

Quant la dame ot porté son terme, si com il est droiture, ele acoulça d'un fil qui fu nés, droit as octaves ydes de decembre[1]. Par la volenté du pere et de la mere et des parens li misent à non Dieu-doné, quant il le baptisierent. Li enfès estoit clers et gens et de molt bele forme, et si fu norris par molt grant diligense, et cascun an al jor de sa naisçance celebroient molt hautement li peres et la mere monsignor saint Nicholai; dont il avint un jor que li enfès avoit sept ans, Getions et sa feme et ses fix, et tout lor parent et ami et voisin s'assemblerent al mostier monsignor saint Nicholai, qui loins estoit de la cité, por faire feste. Là ù il estoient assamblé en tel maniere, robeor et larron, qui estoient de Babilone, i sorvinrent, si l'or preechierent, si com il avoient fait. Là fu pris li enfès Getion, et il et sa feme en escaperent qui à la cité s'enfuirent. Li robeor s'en retornerent en Babilone, si partirent lour gaaig et lor prisoniers, et l'avoir qu'il lor avoient tolu. Dieu-doné vint en la partie d'un paien qui avoit à non Marmorius. Getions et sa feme, qui en la cité estoient fui, quisent lor enfant, mais il ne le troverent pas : dont commencierent lor cavex à derrompre, et lor dras à depecier, et lor puins à detordre, et si grant

---

[1] C'est-à-dire le huitième jour avant les ides de décembre, ou, suivant notre manière de compter, le six décembre, jour de la fête de saint Nicolas.

SAINT NICHOLAI.

dolor demener que nus ne le poroit dire, ne raconter.

La mere crioit et ploroit, et si se feroit emmi le vis:
« He! biaus fius, qu'est-il ore avenu à ta dolente mere?
« Getions, mes barons, et jo aussi proiames à mon-
« signor saint Nicholai qu'il t'envoiast à nous et donast,
« si com il estoit poiscans. Nous n'avions mie mise si
« grant paine du proier por chou que nos issi te per-
« disçons, mais pour chou que tu nos fusces joie et
« leeche de nostre vie, et après nos decès éusces nos
« possessions et nos riqueces : mais, biaus fix, or
« t'ai-jo perdu, et si sui de toi irie. Biaus sire sains
« Nicholais, confessors Jhesu-Crist, si com c'est voirs
« que jo l'oi par toi, le me rendes-tu, et si que je le
« voic ains que jou muire. Sains Nicholais, aies pitié
« de mes proieres, et si com jo esprovai ta dolçor une
« fois, si le puisce-jo esprover une autre fois! Quant
« caitive l'oi par toi, qui le portai et nori et alaitai;
« si en cuidiens avoir joie, mais ele nous est tornée
« en tristece. He! sains Nicholai, jo deproi ta grant
« misericorde que tu mon fil me rendes, et si com tu
« m'elleechas quant tu me le donas, me puisces-tu
« elleechier encore, qui suis remese triste et dolante
« mere! et certes jo ne mangerai de char, ne ne beverai
« de vin dusques adont que jou r'aie mon fil. » Adont
commencha à jeuner la dame trois fois en la semaine,
et toustans estoit la fin de s'orison qu'ele faisoit, en
tel maniere : « Sains Nicholais, jo te pri que tu mon fil
« me rendes! » Et quant cil an fu passés, et la feste
monsignor saint Nicholais fu passée, Getieus parla à

sa feme et dist : « Dame, car créés mon conseil, et si
« alons à la feste monsignor saint Nicholai, et des biens
« que Diex nos a donés departons et donons as povres,
« et prions al saint confessor, par sa grant merite que
« si com il delivra les trois chevaliers de la prison ù il
« estoient, issi puist-il nos fil delivrer de la prison ù il
« est ; s'il est vis, qu'il le nos rende, et jo croi que si
« fera-il, que j'ai en lui molt grant fianche. »

Quant Eufrosine oï ceste parole, ele s'en esjoï toute,
et si com ses barons l'avoit commandé et devisé, s'en
alerent ambedoi à l'eglise. Tantost com ele i fu entrée,
ele tendi ses mains vers le ciel : « Biaus sire Diex !
« Jhesu-Cris ! qui ton fil dolc nos donas, aies merchi de
« moi, et si oi ma proiere, par la merite mon signor
« saint Nicholai, anssi com tu as delivrés pluisors
« homes du peril de la mer, par sa proiere, et les troi
« chevaliers de la mort qu'il n'avoient mie desservie,
« anssi delivres-tu mon fil des mains à celui qui le tient
« en prison, et si le nos rent, si que nos coniscons que
« tu ies poiscans sor toutes choses, et que pués delivrer
« du peril de la mort, et des mains al dyable ceus qui
« en toi ont fianche, qui vis et regne par tos les siecles
« des siecles ! »

Quant la dame ot s'orison finée, molt humlement,
et de vrai cuer ele commanda à aparellier le viande, et
à metre les tables as prestres et as clers, qui le service
avoient fait, et quant li services fu finés, si hautement
com il covenoit faire, et li prestre et li clerc furent assis
à grant joie, en cele meisme eure, li rois qui cel enfant

tenoit en prison, ne mie prison, mais en son service, qu'il le servoit à sa table, dit à ses chevaliers et à ses barons, qui entor lui estoient, c'onques puis l'ore qu'il avoit esté nés n'ot si grant faim com il avoit adont, « et por chou m'aparelliés à mangier, si faites tost « metre les tables. » Quant cho oïrent li chevalier, si fisent tantost son commandement, si assisent al mangier avec le roi tot ensamble. Tantost com il fu assis il demanda à boire. Li jouenenchiaus Dieu-donés, qui tenoit le coupe, li dona le vin. Adont li sovint-il qu'il avoit huit ans, qu'il avoit esté pris[1]. Si commencha à sospirer et à dire en sa pensée : « He ! las ! hui est « acomplis li ans que jo fui pris et amenés en servage « de cest roi. » Quant li rois vit qu'il estoit pensis, il demanda quele estoit li ocoisons por coi il sospiroit en tel maniere, et li vallés respondi qu'il li sovenoit en sa pensée qu'il avoit esté pris, et que li ans estoit acomplis, que ses peres et sa mere faisoient grant feste à tel jour en l'eglise monsignor saint Nicholai. Quant li rois oï l'enfant issi parler, il respondi et dist : « Chaitis, puis que jo t'ai pris, et te tieg, pour coi « pensas-tu tel chose ? qui est chou qui te porroit to- « lir, ne jeter de ma prison ? Fols, laisce le sospirer, « qu'il ne te valt nient, si m'aporte à boire. » Li vallès tenoit le coupe, si com li commans le roi estoit, et me

---

[1]. L'enfant se souvint que ce jour-là il avait atteint l'âge de huit ans accomplis, et que depuis un an il était prisonnier. La phrase est construite d'une manière amphibologique.

sire sains Nicholais fu presens, qui tantost prist le vallet par les chaveus, si le porta en uns moment jusc'à l'eglise, là ù Gestions et sa feme estoient, et li autre clerc qui encore mangoient. Quant li clerc virent l'enfant qui en sa main tenoit la coupe, il li demanderent qui il estoit, et il lor dist qu'il estoit fius Gestion et sa feme Eufrosine. Quant çou vit Eufrosine, sa mere, ele le corut embracier et baisier molt dolcement, et ploroit de joie et disoit : « Biaus sire Diex Jhesu-Crist! jo te
« renc grasses, car par ta misericorde et par le merite
« monsignor saint Nicholais, tu as oïe ma proiere, et
« m'as rendu mon fil que jo voi à mes oels, et que
« jo tieg entre mes bras. Sire Diex! c'est par ta sainte
« grasse, qui vis et regnes par tous les siecles des
« siecles. *Amen!* »

Quant li peres et la mere furent lassé d'acoler et de baisier lor enfant, ainsçois que saolé, cil qui là estoient assamblé demanderent al' enfant le maniere de sa delivranche. Quant li enfès lor ot tout conté en ordre, si com jo vos ai devisé, il commenchierent tout à haute vois à loer nostre signour, qui done à ses sers si grant grasse et si grant vertu c'on les reclaime et apele por secors avoir[1].

Entre les autres miracles vous voel conter uns qui

1. Ce miracle a été mis en scène par l'auteur anonyme du manuscrit d'Orléans, que nous avons reproduit plus haut. (Voyez page 121 de ce volume.). Le P. Angelin Gasée, déja cité dans la note de la page 264, l'a mis en vers latins dans ses *Pia Hilaria*, t. II, p. 384.

avint à un liu qui estoit apelés La Crois, ù il avoit moignes de me dame sainte Marie de la Charité, qui là manoient et nostre signor servoient. En cel tans que jou vous voel conter estoit novelement escrite la vie monsignor saint Nicholai de ses miracles, et li responsore, qui es esglises nostre signor estoit chantée, lons et boins par grant diligense et par grant devotion. En cele maison que jou vous ai nomée, une nuit de monsignor saint Nicholai, que li jouene moigne s'assamblerent ensamble, et alerent juer devant le prieus, si li prierent qu'il lor donast congiet de chanter le responsore de monsignor saint Nicholai, qui molt est bele. Li prieus respondi qu'il n'en feroit nient en nule maniere, car chou n'estoit mie droiture ne raisons que les anchienes institutions fuscent laischiés por les noveles, c'on ne doit acoustumer, ne faire. Quant cil virent la diversité du prieus, si commenchierent à dire : « Biaus pere, pourquoi n'os-tu la proiere de tes en- « fans, et por coi ne cantons-nous l'estoire de mon- « signor saint Nicholai, qui si est dolce, et jà est cele- « brée par tout le monde? Et por coi sera nostre eglise « taisans et mue de cho dont toutes les autres sunt « elleechies ? » Quant li prieus oï ces paroles et autres, si fu molt esméus en ire, puis respondi et dist : « Biau « frere, laisciés moi en pais, que jà par moi ne vous « serra ceste chose otroié. Jou ne voel mie que li an- « chien usage soient guerpi pour les noviaus chaitis « que li clerc du siecle font et dient, ne ne voel mie « qu'il soit retenu en eglise ù jou serve Dieu. » Quant chou oïrent li disciple, si en furent molt dolant, si en laiscierent la parole ester.

Quant li feste fu venue, ils commenchierent lor vespres et lour matines, si com il soloient, anssi com par tristece. Après matines s'alerent coulcier, si com il avoient à coustume. Tantost com li prieus fu colchiés, si s'aparut devant lui mesire sains Nicholai, visablement molt corechiés par semblant, si l'apela molt cruelment et le prist par les chaveus, et le traist fors de son lit, et le jeta sour le pavement du dortoir tout estendu, et dont commencha mesire sains Nicholais l'anteuene *O Pastor eterne!* si le dist toute à note, et d'une verge qu'il tint feroit le prieus grans cols parmi les dens, dusques à chou qu'il l'ot tote chantée par molt grant loisir. Li prieus commença à crier molt durement, et tant que li frere s'assamblerent tout devant lui, et quant il le virent issi jesir à tere, il li demanderent qu'il avoit éu, et qu'il avoit sentu. Li prieus fu espoentés, et tant batus, qu'il ne lor pot nul mot dire. Dont le prisent li frere entre lor bras, et là fu-il malades longement, mais toutes voies revint-il en santés, par la volenté de nostre signor, et par l'aide de monsignor saint Nicholai, et quant il fu garis il assambla devant lui tos ses freres, si lor commencha molt bel à dire : «Mi chier fil, jou ai soffert molt grief paine
« et molt dolerose por chou que jou ne voil faire chou
« que vos me quesistes, et dès or en avant sachiés que
« jo ne vos otroie mie que vos chantés tant seulement,
« ains vous di-jou bien que je vous avoie deffendu de

SAINT NICHOLAI.

« mon signor saint Nicholais à canter, mais or le
« chanterai-jo tous les jors de ma vie avec vous[1]. » En
tel maniere fu li prieus apris et castiés par la volenté

---

[1]. Ce miracle bizarre, auquel les jeunes moines *n'auront pas
nui*, est très sérieusement rapporté par Guillaume Durand, dans
son *Rationale Divinorum Officiorum*. Cette fable montre au moins
que les ecclésiastiques graves et instruits résistaient, autant qu'ils
le pouvaient, à l'introduction de nouveautés dont le ridicule aurait
rejailli sur la religion. Voici le passage du vieux écrivain liturgique :

D. NICOLAI HISTORIA,
UNDÈ INTRODUCTUM UT LEGATUR IN ECCLESIA.

Legitur quòd cùm in quâdam ecclesiâ quæ dicitur Crux, subjecta monasterio beatæ Mariæ de Charitate, nondùm historia beati Nicolai cantaretur, fratres ejusdem loci priorem suum, ut eam sibi cantare liceret, instanter rogaverunt; ille verò hoc præcisè negavit, dicens incongruum fore pristinum morem novitatibus immutare. Illis verò instantibus, indignatus respondit : « Re-
« cedite à me, quia nova cantica, imò joculatoria quædam, in meâ
« ecclesiâ non cantabuntur ». *Adveniente autem ejusdem sancti festivitate, fratres, cum quâdam animi tristitiâ, matutinales vigilias peregerunt; cùmque omnes se in lectis recepissent, ecce beatus Nicolaus priori visibiliter terribilis apparuit, quem à lecto extrahens per capillos dormitorii pavimento allisit, et incipiens antiphonam* O Pastor æterne! *per singulas vocum differentias virgis quas in manu tenebat gravissimos ictus super dorsum illius ingeminans, per ordinem morosè cantando antiphonam ipsam ad finem usque perduxit. Omnibus ergo illis clamoribus excitatis, semivivus ad lectum deportatur, qui tandem ad se rediens dixit :* « Ite et historiam novam sancti Nicolai decantate ». (R. D. Gulielmi Durandi Mimatensis (*Mende*) episcopi, Rationale Divinorum Officiorum. Parisiis, apud Franciscum Muguet., 1673, in-4°, p. 459.)

Jhesu-Crist et par monsignor saint Nicholai, les cui proieres et les cui vertus nous puiscent aidier et secolre, al jor que les ames partiront de nos cors, qui molt sunt povres et esgarées, se li pius Diex n'en a pité et misericorde, et il l'en oie, par la soie merchi, si que nos puisçons aler droit à la destre son père, qui vit et regne uns seus Dieus par tout sans fin ! *Amen.*

EXPLICIT

LA VIE MONSIGNOUR SAINT NICHOLAI.

DE
SANCTO NICHOLAO,

ALIAS

LI LIVRES DE SAINT NICHOLAY.

PAR WACE,

POÈTE ANGLO-NORMAND DU XIIe SIÈCLE.

DE
SANCTO NICHOLAO[1],
ALIAS
LI LIVRES DE SAINT NICHOLAY.

A ces qui n'unt lectres aprises
Ne lur ententes n'i ont mises
Deivent li clerc mustrer la lei,
Parler del seint, dire pur quei
Chescone feste est contrevée[2],
Chescone à sun jur gardée.
Chescone ne poet tut saver,
Ne tut oïr, ne tut véer;
Li un sun lai, li un lectré,
10 Et li un folz, li un senée,
Li un petit et li un grant,
Li un povre, li un manant,

---

1. Cette pièce est donnée d'après le manuscrit du roi, n° 7268, 3. 3. A., fonds de Colbert, avec des variantes et des additions tirées du manuscrit de l'Arsenal, n° 283, in-folio. B. L. F.

2. VAR.   Chascune feste est célébrée.

Si done Deus deversement
Divers dons à diverse gent.
Chescon deit mustrer sa bonté
De ceo que Deus lui ad doné[1].
Li chivaler et li burgeis,
Et li vilein et li corteis,
Deivent en Deu aver fiance,
20 Et honurer de lur substance;
Bonement deivent esculter
Quant il oient de Deu parler[2].
Qui mels set mels deit enseigner,
Qui plus est fort plus deit porter,
Qui plus poet plus deit aider,
Et qui plus ad plus deit doner.
Chescon deit mustrer son saver,
Et sa bonté et son poer,
Et Deu servir son creatur,
30 Et as barons sainz pur sa amur;
Qui ben le aim et ben le sert
Bon gueredon de lui desert.
Petit prendra qui sert petit,
Si cum l'escristure le dit.
Jo sui Normanz, si ai à non Guace[3];
Dit me est et rové que jo face
De seint Nicholas en romance[4],
Qui fist miracles bels et granz.
En romanz dirrai de sa vie,

1. Var.   Del sens que Dex li a doné.
2. Ces six vers ne sont pas dans le manuscrit de l'Arsenal.
3. Var.   Jou sui Normans, s'ai à non Guace.
4. Var.   De saint Nicolas en romans.

NICHOLAO.

40 Et des miracles une partie [1];
En romanz voil dire un petit
De ceo que nus le latin dit,
Que li lai le puissent aprendre
Qui ne poent latin entendre [2].

De Patras fu née, de une cité
Noble et riches d'antiquité,
Mès puis est la chose empeiré
Et ben proef tute amenusé [3].
Pere et mere out de grant haltesce,
50 De parenté et de richesce;
Asez ourent or et argent,
Et mult vivent seintement,
Et tel enfant voldreient aver
Dunt puissent fere lur éir,
Nient sul [4] de lur manantie,
Mès de murs et de bone vie.
Tel fu cum il le desirerent.
Nicholas par non l'apelerent;
Ne eurent enfant fors sul cestui,
60 Tant l'uirent plus cher ambedui.
Mult fu petit à lectres mis,
Par grant entente fut apris.
Encore petit en berz giseit,
De sul la mamele viveit,

---

1. Var.   De ses miracles une partie.
2. Var.   De che que li latins nous dit;
   Que li lai péusent entendre
   Qui ne puent latin aprendre.
3. Var.   Mais puis est la chose cupirié,
   A bien près toute amenuisié.
4. *Nient sul*, non seulement.

Si junoit, pur Deu amur,
Ne lei tout¹ que une feiz le jur,
Al mecresdi, al vendresdi,
Si l'out Deus de sa grace empli.
Quant plus crut et plus amenda,
70 Plus servi Deu et plus le ama.
Jà ert bacheler tut formez
De mainte bonté alosez.
Sis peres prist definement,
Et sa mere tut ensement.
De Nicholas firent lur éir
De quanque il purent avéir,
Et Nicholas tut departi,
Teres, maisons et fius vendi;
Si dona tut à povre gent,

1. *Ne lei tout*, il ne prenait du lait, etc. *Tout* est dérivé du latin *tollit* ou *tollebat*. On lit au manuscrit de l'Arsenal :

> Encor petit en bers gisoit
> Et de la mamele vivoit;
> Si junoit, por Dieu amor,
> N'alaitoit c'une fois le jor.

Ce passage mérite une remarque. Il présente à la fois l'étymologie et le sens primitif du verbe *alaiter*, qui signifiait anciennement *téter*, et non *donner à téter*. Dans le texte du XIIᵉ siècle, *ne lei tout que une feiz le jur* (il ne *prenait le lait* qu'une fois dans le jour), on trouve l'étymologie ; au XIIIᵉ siècle, la langue, déjà plus formée, offre le mot composé : *n'alaitoit c'une fois le jor* (il ne *tétait* qu'une fois dans le jour). Ce rapprochement, puisé au berceau de notre langue, tranche la difficulté élevée sur un passage de Rabelais, au livre Iᵉʳ, chapitre XL (voyez le *Rabelais, variorum*, publié par M. Éloi Johanneau en 1823, t. II, p. 220, et le *Dictionnaire étymologique* de Ménage, Paris, 1750, *verbo* ALAITER).

NICHOLAO.

80 Ne fist altre reservement.
   Un povres hom iloc maneit,
   Qui jadis riches esté aveit,
   Mais en poverté iert venus.
   De tels avom plusurz véuz
   Qui de grant aveir qu'il aveient
   En grant poverté descendeient;
   Tels i ad qui de poverté
   Resunt remiz en grant plenté.
   Cist povres aveit treis puceles,
90 Treis siues filles asez beles[1].
   Entre els quatre n'urent que prendre,
   N'en gainner, ne en despendre[2].
   De vivre conseil ne troverent
   Si à galice n'en alouent[3].
   Seint Nicholas pitez en prist;
   Oez cum seintement le fist.
   Treiz nuiz à lur ostel alat,
   Treiz riches dons d'or lur donat.
   Li premerain lur ad doné
100 Pur relever de poverté;
   Le second lur ad fait trover
   Pur les treis filles marier;
   La terce feiz lur ad donez
   El non de seinte Trinité[4].
   Par la fenestre lur getout

---

1. Nous lisons comme au manuscrit de l'Arsenal: *Treis siues filles*, etc. Le mot *siues* manque dans le manuscrit de Colbert.
2. VAR.   Ne à manger, ne à despendre.
3. VAR.   S'à gaëlise n'en aloient.
4. VAR.   El non de sainte Carité.

DE SANCTO

  Devant le lit, puis s'en alat.
  A la terce nuit cil le prist
  Qui l'out guaitez, si lui enquist
  Qu'il ert, dunt fust, cum aveit non,
110 Qui doné l'aveit si grant don.
  Cil lui dit : « Jo sui Nicholas ;
  « Va-t-en, jà mar¹ en parleras,
  « Mès loez Deu ton créatur,
  « Et tes filles done à seignur². »
  Seint Nicholas s'en veit atant,
  Le hom remist lé et joiant ;
  Retorné fut de poverté
  Et ces filles de putez.
  Del aveir furent mariez
120 Et ben richement conréez.
    Quant seint Nicholas out doné
  Quanque out pur l'amur de Dé,
  Dreit à Mirre son chemin tint.
  Quant il en la cité parvint
  Tut li evesque del regné
  Esteient iloc asemblé,
  Car li erceveske mort esteit
  Qui cel honur éu aveit.
  Iloc erent, si eliseient
130 A qui l'ercevescé dunreient ;
  Ne la saveient à qui doner.
  Ne s'en poéient acorder.
  Cist otriout, cist ne voleit,

---

1. *Jà*, jamais. *Mar*, dérivé du latin *malé*, à tort, à la male cure. « Tu auras tort d'en parler. »

2. *Seignur*, mari.

NICHOLAO.

Cist grantout, cist dediseit[1].
Un seinz eveskes i aveit
Qui le mester faire deveit.
Cist commandat granz ureisonz
A faire od granz afflictionz;
Que Deus apertement mustrat
140 A qui cel evesqué donast,
Demustrast par sa pièté
Que dignes fut de l'evesché[2].
Un seinz angles del ciel li dist
Que par matin celui preïst
Qui primereins al muster veneit,
Ceo iert icil que Deus eslireit.
« A la porte, dit-il, serras,
« Le premerain entrant prendras
« Qui ert apelé Nicholas;
150 « Iceste evesché lui dorras. »
Li arcevesques si le fist
Come li angles lui ot dit.
Nicholas par matin trova,
Anel et croce lui dona;
Unques n'i out nul contredit
Qui fut de grant ne de petit.
  La ostesce ù il aveit jù,
U il le seir herbergé fu
Oït qu'il iert ordeinez
160 Et en evesqué posez.
De la joie que elle oïe

1. VAR.   Cist creantoit, cist dedisoit.
2. VAR.   Demoustrast lor par sa pitié
          Qui dignes fu de l'enveskié.

DE SANCTO

  Son enfant enz al bain guerpie
  Que desur le feu fet aveit.
  De tere al cel tens fesoit l'om,
  Un tes veissel par aveit non [1].
  Si fu la mere très musée
  Et de la joie trespensée,
  Son enfant sur le feu lessa.
  Le feu en prist, l'ewe enchalfa,
170 Après comença à boillir
  Et à esmouir et à fremir,
  Et li enfez qui dedenz feu
  Out le cors et tendre et nu;
  En l'ewe boillant se séit,
  A boillons jueit, s'is perneit [2];
  Unques en cel ewe boillant
  Ne senti mal ne tant ne quant.
  Puis que la messe fu finée,
  Si s'est la mère porpensée
180 Que ele out lessé son enfant
  Einz al bain sur le feu ardant,
  Dunt s'en vint à l'hostel corant,
  Son fiz par son non recriant.
  Quant fu en son ostel entré,
  Come femme tut desvée,
  Son enfant trovat tut heité,
  En l'ewes boillant sein et lé,

1. Var. Un tel vaiscel *pau* avait non.

La leçon du manuscrit de l'Arsenal semble devoir être préférée à celle du manuscrit Colbert. Ce nom grec indiquait sans doute que ce vase servait à toutes sortes d'usages.

2. Var. El buillon séoit, s'es prendoit.

NICHOLAO.

    Dunt prist l'enfant, cil l'aportat
    Et à tut le pople contat
190 Le miracle qui lui avint;
    La gent à merveille le tint.
    Mult fu en grande renomée
    Seint Nicholas par la contrée.
        Greif me serreit à retoner [1].
    Et gref à vus à esculter
    Les granz miracles et les granz benz
    Que il fist al plusurs cristiens.
    Que dire de sa charité
    Et de sa grant humilité [2]?
200 Chastes esteit, almonerz,
    Et à tuz leals conseillers,
    La nuit veillant en ureisons;
    Engenulez en aiflictions [3].

---

1. On lit au manuscrit de Colbert *retorner*, mais un point placé sous le second *r* montre que cette lettre doit être effacée. Le mot *retoner* semble indiquer qu'au douzième siècle on chantait ces poésies. *Tonare* est traduit par Ducange : *Canendo prædicere*. Le manuscrit de l'Arsenal offre ce texte, plus moderne de près d'un siècle :

    Grief me seroit à raconter
    Et grief seroit à escouter, etc.

2. On lit au manuscrit Colbert :

    Que Deus de sa charité;

ce qui est évidemment une erreur de copiste. Voici la leçon du manuscrit de l'Arsenal :

    Que quidiés de sa carité
    Et de sa grant humilité?

3. *Engenulez*, agenouillé. On lit au manuscrit de l'Arsenal :

    La nuit veilloit en orisons
    En junes, en afflictions.

Une femme un enfant aveit.
Que de deble plein esteit,
Ses draz rompoit, ses meins manjout.
Sa vie en grant dolur usout,
Tut depesçout les vestement
Od ces meins et od ces denz ;
210 Quant seint Nicholas l'aseigna
De le deble le delivra.

Treis clercs alouent escole,
N'en frei une longe parole[1] :
Li ostes par nuit les occist,
Les cors musçat, le aver prist.
Seint Nicholas par Deu le solt,
S'emprès fu là si cum Deu plout.
Les clercs à l'oste demandat,
Nel pout celé qu'il les mustrat ;
220 Seint Nicholas par sa preere,
Mist les almes enz el cors arere.
Por ceo que al clercs fit cel homu
Funt li clers la feste à son jur,
De ben lire et ben chanter
Et des miracles réciter[2].

Seignurs, vous alent par mer,
De cest baron oez parler,
Qui par tut est tant socurable

---

1. VAR.   N'en ferai pas longe parole.

2. Ceci pourrait bien se rapporter à l'usage de représenter dans les monastères les miracles de saint Nicolas, ou les mystères de la religion. Le miracle que Wace vient de raconter sommairement fait le sujet de la seconde pièce du manuscrit d'Orléans (voyez page 103 de ce volume).

NICHOLAO.

  Et qui en mer est tant aidable.
230 Mariner par la mer passouent,
  De une tere en altre alouent,
  Jà esteient en haulte mer,
  Aséur quidouent aler;
  Si commença la mer à enfler
  A creistre mult et à meller.
  Grant vent vint et espesse pluie
  Que as mariners mult ennuie;
  Granz fu li venz et li orages;
  Esbaï fu tut li plus sages
240 Si desplaise lai tormente tuz,
  Ne valeit guerez li plus pruz[1];
  Rompent cordes, depece tref,
  Fruisent keviles de la nef;
  Dunt comencent tuz à crier
  Deu et ces seinz à rechamer[2],
  Mult se cleiment cheistif et las;
  Sovent dient : « Seint Nicholas,
  « Socur-nus; seint Nicholas ! sire !

---

1. Ce passage est si remarquable que nous croyons devoir le donner aussi d'après le manuscrit de l'Arsenal, pour que le lecteur ait sous les yeux les deux textes :

    La mer commença à enfler
    Et à fremir et à venter;
    Grant vent ont et espesse pluie,
    Qui as maroniers mult anuie.
    Grans fu li vens et li orages;
    Esbahi fu tous li plus sages;
    Si leva la tormente lués,
    Poi valut adont li plus preus, etc.

2. VAR. Dieu et ses sains à reclamer.

DE SANCTO

"Si tels es com nus oum dire[1]!»
250 Atant un hom lur aparust
Qui od els en la nef estust.
Si ad tant od els parlé :
« Jeo sui que tant me avez apelé. »
Ignel pas le orage cessat,
Et seint Nicholas s'en alat.
A port vindrent la notiner,
Tut sein s'en vint al muster[2];
Ignelment al muster corurent,
Seint Nicholas iloc coneurent
260 Senz ceo que mustré ne lur fust;
Si nel' éurent enceis véuz
Si en la nef ù il aparut[3],
Quant al peril les socorut.
A terre, à ses pez se mistrent,
Plurant et merci crient li comistrent
Com feitement par sa pité
Lur aveit en le mer aidé[4].
Seint Nicholas lur respondi :
« Nent jo, mès Deus vus ad guarri.
270 « Graces en rendez à Jhesus Crist
« Que ceo que recontez vus fist. »
A tel miracles et greinnurs

1. VAR. Se tens ies com nous oons dire.
2. VAR. Al port vienent li notonier
   Tout sain, tout lié vont al mostier.
3. VAR. Fors en la nef où s'aparut.
4. VAR. A terre, à ses piés se mistrent,
   Plorant et merciant li distrent
   Com faitement, par sa pitié
   Lor avoit en la mer aidié.

NICHOLAO.

Ad fait seint Nicholas plusurs [1].
 Oez, seignurs, ben fait à dire ;
Un tens fut de mult grant famine,
Que la gent n'aveient que manger,
N'en s'en saveient conseiller.
 Al tens de greinur cherté,
Quant tel fait esteit de blé,
280 Oit seint Nicholas un message
Que à près d'iloc à un rivage
Aveit plusurs niefs arivez
De blé et de forment comblez.
Seint Nicholas al port ala,
As mariners de la mer parla [2] :
« Seigneurs, fist-il, jo vus requer,
« Si sui venu à vus préer
« Que del forment que vus portez,
« En cest pais nus en lessez,
290 « Car de blé sumez sosfreituz ;
« Mult en i ad des bosoinnuz. »
« Sire, distrent cil, ne poum,
« Car à mesure le portom.
« Par mesure l'avom receu,
« Ensement deit estre rendu.
« De Alisandre portum cest blé,
« Par mesure pris et liveré,
« Ces à qui le devom liverer
« Le voldrunt tut remesurer.
300 « Li formenz est à nostre seignur

---

1. Var. Itens miracles et greignors
   Fist Dex por le saint pluisors.
2. Var. As maroniers des neis parla.

« Constantin, nostre emperur. »
Seint Nicolas lur respondi :
« De cest païs aez merci
« Que vos veez à mort turnée,
« Si socurz n'ait de vostre blé.
« De chescun nef que ci avez
« Sul cent mesures nus donez ;
« Par tel covenant le retenrai,
« Al non Crist que servi ai,
310 « Que ja meinz ne i troverez
« Quant al mesurer venderez. »
Livré lui unt par tel covent
Tant cum il requiert de forment.
Après s'en vont en lur païz,
Le forment livrent as bailliz ;
Totes les mesures senz faille
Unt rendu par conte et par taille ;
Unques mesure ne lur failli ;
Ben fut créu, la Deu merci !
320 A la mesure l'unt rendu
Dunt il primes fu recéu,
Et puis unt as bailliz conté
Cum ben urent del blé doné
Et coment il unt retrové.
Tus en loerent dampne Deu,
A dampne Deu graces rendirent,
Et del seint baron grant los firent.
Quant seint Nicholas fu remiz
Od le forment que il out priz,
330 S'il departi et devisat,
Et Deus si le multipliat,
Tut l'an en fu la gent guarie

NICHOLAO.

De la terre et d'altres grant partie,
Et del second al grant plenté
Par la vertu del seint loé,
Tuz en éurent à plenté
Et si en urent asez semé.
   Al tens as paéns que jà fu
Urent deble grant vertu
340 Qui se fesoient aürer,
Et Deus et Deuesces nomer.
Deu esteient cum Phebus,
Jupiter, Mars, Mercurius.
Deuesces erent cum Diane,
Juno, Venus et Minerve.
La gent qui en Deu ne créicient
Ne que de Deu ren ne saveient
Images peintes aürouent,
Les nons as Deus lur apelouent.
350 Diane esteit une diesce
Mult deceivantez, mult trecheresce;
Debles esteit, qui en tele guise
Metteit la gent en son servise.
Semblance de femme preneit
Par quei le pople deceveit.
Entur Mirre meinement
L'aürouent tote gent.
Unquore quant seint Nicolas fu
Aveit la gent en us éu
360 Aürer Diane et servir.
Seint Nicolas nel volt soffrir;
L'image Diane brisat
Et desconfist et despesçat;
Le pople ostat de la folie

Et de cele mahomerie.
Mult fu li deble plein de ire
Quant iloc perdi son empire,
Por le pople qu'il out perdu
Que longement out decéu.
370 Mult se pena se il péust
Que seint Nicholas decéust.
Qui savereit plus enginier,
Plus deceivre, plus empirer
Que deble ? que son pensé
A tut à mal faire atorné.
Une male confection,
Nudiacon l'apelent hom,
A fait Diane apareiller,
Puis prist forme de moiller
380 Que semblout de religion
De vestéure et de façon.
En un petit batel se mist,
A une nief nager se fist,
Qui se moveit à mer passer
Et à seint Nicholas aler.
Les marineis ad apelez,
Si leur dist : « Cest oule tenez ;
« Vus devez, m'est aviz, aler
« A seint Nicholas ultre mer ;
390 « Son mester de son oile oindreis,
« Les meiseres et les pareis ;
« Si ert remembrance de mei,
« Voué i sui, aler i dei,
« Mès ne sui ore apareillé,
« Ne aler od vus eisié. »
Le responz fu as marineis

Qu'il le feront volentieis.
Quant Diane out od els parlé,
Et cel Nudiacon livré,
400 S'emprès l'urent si desperdue
Ne solt nuls que fu devenue.
Bon vent éurent por sigler.
Jà esteient en halte mer,
Une nascelle i unt trové
De prodommes ben atorné.
Une persone seinte i out
Qui seint Nicholas ressemblout,
Qui ces de la nief apela,
Corteisement od els parla :
410 « Que fu, ceo dit, que vus livrai
« La feme que od vus parlai ?
« Ditez, seignurs, ne me mentez :
« Que est icco que vous portez ? »
Et cil li distrent la verité,
Que une dame out od els parlé ;
Puis li distrent del' oingnement
Que il portent, et coment
Il le deivent atocher
Par les meiseres del muster.
420 Li seint hom lur ad respondu :
« Savez-vus que la femme fu ?
« Ceo fu Diane, qui la gent
« Deceit par son enchantement,
« Et si vus volez esprover,
« Espandez l'oille en cele mer. »
Dèsque l'oille la mer tochat
Feu prist par tut et alumat.
Contre nature de la mer

Virent feu par tut alumer.
430 Endementers qu'il esgardouent
Cel feu dont il esmerveillouent
Furent les niefs deviseez
Et si loinz à loinz desevrez,
Qu'il ne purent od els parler,
Ne ceo que esteit demander
Qui lur aveit mustré l'esguait
Que Diane lur aveit fait.
Ne firent el, mès tant siglerent
Qu'al port vindrent qu'il desirerent.
440 A seint Nicholas sunt venuz,
Si lui distrent que orent véuz
Le miracle que lur mustrat,
Quant la mer pur l'oille alumat.
Cil respondi : « Deu en loez,
«Qui vus ceo fist que vus contés. »
Treis contez mist fors de prison
Qui erent pris par traïson.
De ultre mer erent repeiré,
U enceis furent envié
450 Par l'emperur, qui par grant guere
Aveit pur poi perdu la tere.
Quant il urent fait cel afaire
Tut trei se mistrent al repaire
Et vindrent à l'emperur,
Qui les receit od grant honur.
Par envius et par felonz
Fist puis prendre ces treis baronz
Par un sien provost pautonier,
Qui pur eles traïr prist louer.
460 Constantin fu li emperere

NICHOLAO.

Et danz Espar provost ere[1],
Et li dui conte aveient non
Nepocion et Arpelion,
Et li terz Urs; tut trei à tort
Esteient jà jugiés à mort.
En lendemain les deveient-on pendre,
Ne voleit-on nul rançon prendre.
En chartre la nuit apelerent
Seint Nicholas et reclaimerent.
470 Il li aveient servi jadis,
En ses préez se erent mis[2].
Ultre mer il deivent passer
Pur lur besoinne espleiter,
Quant à Mirre cil l'ont trové;
Uns orrez les i fist torner
Quant il durent passer la mer.
Véu li orent delivrer,
Et tut fere quites clamer
Treis bachelors à mort dampnez,
480 Et jà à descoler menez.
En la chartre lur en membrat,
Chescon de els par non l'apelat,
Que à cest besoing le socurat,
Ens que nul de el mort i fust.
En l'ur vint ben à besoins,
Et si ert d'iloc mult loins

---

1. VAR.   Et dans Esparsis provos ere.

Ce prévôt est appelé *Blaves* dans la Vie de saint Nicolas en prose. (Voyez la page 235 de ce volume.)

2. VAR.   Il l'avoient servi jadis
         En ses proieres furent mis.

Sur la mer en altre contrée:
De Rome i out meinte jurnée,
Mès angeléement alout
490 Là ù bosoignus le apelout.
Tut seveit espiritelment[1].
Ore oez le raisonz coment,
Par la grace nostre seignur,
Vint en songe à l'emperéur
Qui les contes out en prison.
A lui parlat par avision,
Si lui dit céo que gardast
Que les contes deliverast,
Qui à grant tort esteient pris
500 Et par envie en prison mis.
Servi le aveient lealment
Mès malveis loer lur en rent[2].
« Si les contes, dit-il, ne renz
« Que tu en ta chartre tenz leïnz,
« Jo en préerai le haltime Rei
« Que vengance prenge de tei;
« Contre granz genz combateras,
« En la bataille occis serras;
« Que tei et ta gent destruierunt
510 « Et chen et oisel te mang'runt,
« Si les contes ne fais aler

1. VAR.   Et si estoit-il d'aus bien loing
            Sur la mer en autre contrée :
            Et se i ot mainte jornée,
            Mais angeléement aloit
            Quant on al besoing l'apeloit.

2. Ces quatre derniers vers ne sont pas dans le manuscrit de l'Arsenal.

NICHOLAO.

« Qui tu as fait enprisoner. »
Li empereres s'esfrea,
Isnelement lui demanda
Qui ceo esteit que à lui parlout,
Que par nuit esveiller le osout.
Cil dist que Nicholas esteit
Et le vesqué del Mirre aveit.
Itant dit et puis s'en tornat
520 Al provost vinst, à lui parlat;
« Et par Deu! dist-il, malhuré,
« Cheitif, traïtur, mal sené,
« Qui les treis contes as liez
« Et sen forfait à mort jugez,
« Va, s'is deslivre, s'is[1] deslie,
« Si tu joier vols de ta vie.
« Si n'es metz fors de prison
« Le cors de tei et ta meson
« Serunt destruit hastivement;
530 « Jà n'averas defendement. »
Cil demanda que ceo esteit
Qui tels manaces lui fesoit.
« Qui es, dist-il, que parlas? »
Cil dist: « Jo sui Nicholas,
« Et sui evesque de Mirre. »
Tornat, plus ne li volt dire.
Constantin par matin leva,
Ses plus sages barons manda,
Et par le provost venir fist.

---

1. *S'is* pour *si les*; on lit au manuscrit de l'Arsenal *s'es* pour *si les*, ce qui tient à la différence des dialectes, et à la plus grande ancienneté du texte du manuscrit de Colbert.

DE SANCTO

540 Quant il venuz furent si lur dist
Qu'en la nuit fu en esfrei.
Le provost respondi : « De sci ?[1] »
Dist l'empereres : « Bien le saurés,
« Avant que vos de chi tornés[2]. »
Dunt fist les contes apeler
Li emperere et amener.
Si lur ad dit irréement :
« Avez-vus fait enchantement ?
« Estes, dist-il, enchantéur
550 « Qui me avez mis en tel fréur ?
« Tote nuit m'avez fait vellier,
« Je ne sai par qui manacer. »
Cil se turent, mot ne sonerent,
De tele parole se esbaïerent.
Cil lur dit : « Por quei ne parlez ?
« Dites por quei ne responez. »
Nepotion ad respondu,
Qui li plus sagez et li einz nez fu :
« Emperere, nus ne savom
560 « Que respondre tei devom,
« Unques de nus nul ne aprist
« Qui tel enchantement féist ;
« Ne savom nul enchantement,
« Ne d'enchanter n'avom talent ;
« Mès tant pur veir dire poum
« Qu'à tort nus tenz en ta prison,
« Car lealment servi te avom,
« Si nus en rendez mal gueredon.

---

1. Var.   « Sire, dist li provos, de coi ? »
2. Ces deux vers manquent dans le manuscrit Colbert.

NICHOLAO.

« De ben fait ad l'en le col freit,
570 « Ensement nus as-te feit;
« Pur quei ben fait et ben servir
« Nus faiz cum larrons tenir[1]. »
« Ditez, fist-il, ne celez pas;
« Savez-vus que ceo est seint Nicholas? »
Quant cil out Nicholas nomé
Li uns a l'altre regardé;
Lur meins vers le ciel leverent
Od halte voiz Jhesum loerent[2],
Seint Nicholas unt reclamé.
580 Dunt ad Nepocion parlé :
« Nicholas, dist-il, comission.
« Mult ert de grant religion. »
Cil escontat que il esteit,
Et en quel liu véu l'aveit,
Puis lur ad dit de ses bontez
Et de ses granz vertuz asez.
S'emprès furent quite clamé
Et desliez et deslivré
Pur seint Nicholas, sel[3] baron,
590 Que li rei vit par avision.
Li trei conte n'i demorerent,
A seint Nicholas dreit alerent.
Li emperere lur chargat

1. Var.   De bien faire a on le col frait,
             Sire, ensement nos as-tu fait;
             Por bien faire et por bien servir,
             Nous fas comme larrons tenir.
2. Var.   Les mains envers le chiel leveirent,
             Bien hautement Dieu aoreirent.

3. *Sel* pour *cel*, ce.

Grant present qu'il lui envéiat;
Deux chandelabres d'or merveilluz,
Et un teste de or precius,
Et od peres un vessel de or,
Et uncore plus de son tresor[1].
Quant li conte là venuz sunt,
600 Jus à ces pez à tere vunt,
Ses pez baiserent et conterent
Coment pur lui delivré erent,
Et de mort les out retornez,
Et cil lur dist: « Deu en loez. »
Longe chose serreit à dire
Et mult nuose à escruire,
Les miracles et les socurs
Que li seinz hom fist à plusurs:
A tote la gent que il poeit,
610 Comme bon pere socureit.
A meinte gent dona santé
De mult granz enfermeté.
Plusurs delivra del deble:
Bon hom esteit et preciable.
Quant vint al jur que dut finer,
Que Deu le volt à sei mener,
Des clercs i out grant asemblé
Qui esteient de la contré,
Et l'altre gent grant dol feseient
620 Pur lur seignur que il perdeient.

1. VAR.   Li enpereires lor charja
            Grant present, qu'il li envoia.
            Deus candelers d'or merveillous
            Et uns textre d'or precious
            Et à pieres uns vaiscel d'or.

NICHOLAO.

Une femme là vint devant
De enfermeté santé querant,
Et seint Nicolas la seignat
Et tute seine l'envéiat.
Ne demorat que un petit,
L'angle Deu entur sei vit;
Dunt començat à verseiller
Une salme qui est al salter,
In te Domine speravi;
630 A tant l'alme del cors issi,
Et li seint angle l'enporterent,
Là ù Deu plout la poserent.
Ceo savom ben certeinement
Que en paradis est haltement.
Un sarcu de marbre ad hon pris,
U li seinz cor de lui fu miz.
Del chef de la tombe descort
Un seint oille que de lui surt[1].
Par le oille que del cors issi
640 Ad Deu puis meint enferm gari.
   Un erchevesque out puis posé
En cel honur et ordené;
Jou ne sai par quele acheison
Mès en eisel l'envéat l'om.
Cil qui fu sire de la tere,
L'esilla, ne sai por quele guere.
Le oille à curre cessat.
Dès que cil en exil alat.
Issi perdi l'en longement
650 En la cité cel oignement.

1. VAR.   Uns sains oiles qui de lui cort.

DE SANCTO

Quant cil vint que chacé esteit
L'oille corut cum il soleit.
 Quant seint Nicholas fu finez
Et de cest secle trespassez,
Grant doel en fu par la contré;
La gent en fu descunforté.
Ymages firent li plusurs
Que il vouent en sa honur,
En son non et en sa semblance.
660 Pur aver de lui remembrance.
Une feiz vindrent de ultre mer
Paiens pur cristiens rober;
Mult firent grant destruction,
Meint emmenerent en prison.
Un de els un ymage trova,
Bele li fu, si l'enporta,
Puis demanda à un chaistifs,
Que il en aveit mené et priz,
Que ceo esteit et que valeit?
670 Dit pur veir pru en avereit:
« Forme est, dist-il, seint Nicholas.
Jà tant cumme tu l'averas
Ne serras povres, ne cheitifs;
Un seint est mult poestiz. »
Quant cil oï, meus la garda
Et plus l'ot chier et plus l'ama[1].
Al tolneu là ù il changat,
Là ù sen aveir asemblat,
L'image saint Nicolas mist

---

1 Ce vers manque dans le manuscrit Colbert.

NICHOLAO.

680 Et de son trésor garde fist[1].
Un jur, ne sai com cil alat,
A l'image l'aveir comandat[2].
Larrons dunt par tut a asez
Sunt en la vile asemblez;
Senz garde unt cel aver trovés,
Ne remistrent ren, tut l'ont aportez[3].
Quant li couerz repeirat[4]
De son aver ren ne trovat;
Plus l'out cher et plus l'amat,
690 N'est merveille si dolenz fu,
Que mult lui ert meschaü.
Irrez fu, une verge prist,
A grant destreit l'image mist
Que son aveir deveit garder.
Come si ele séust parler,
Le aveir lui comanda rendre;
Ne s'en saveit aillurz prendre;
De sà et de là la feri,
Asez longez la debati.
700 Seint Nicholas ne volt soffrir
Sa image longes ledenger[5],

---

1. Ces deux vers manquent dans le manuscrit Colbert.

2. Var.   Un jor ne sai où il ala,
           L'image à son trésor laissa, etc.

3. Ce vers est beaucoup trop long. Voici la leçon du manuscrit de l'Arsenal :

    N'i remest riens, tout ont emblé.

4. Var.   Quant li paiens s'en repaira.

5. La rime manque dans les deux manuscrits. Voici la variante du manuscrit de l'Arsenal :

Vint al larrons que departeient
L'aveir dunt compannion esteient.
« Alez, dist-il, et si rendez
« L'avéir que vus emblé avez,
« Si non jo vus encuserai,
« As justeses vus mustrerai,
« Si vus ferai les oilz crever,
« Et les piés et les poinz colper.
710 « Com felonz avez ceo priz
« Que esteit en ma garde miz,
« Debatu en fui malement,
« Rendez l'aveir ignelement. »
Cil furent mult espoenté,
Arere unt tut l'aveir porté.
Quant li tolniers out le suen,
Saver poez mult lui fut ben [1];
Après reçut cristieneté,
Pur l'amur et pur la bonté
720 Seint Nicholas, que son aveir
Li out fait des larons aveir;
Et meint altre se convertirent
Pur le miracle que en virent.
Converti en fu la contrée
Et à cristienté tornée [2].

Seint Nicholas ne vout souffrir
S'image longement laidist.

1. VAR.   Ariere ont tout l'avoir jeté.
Quant li covers an oït le son.
Poés savoir molt li fu bon.

2. Ce miracle du Juif qui confia ses trésors à la statue de saint Nicolas fait le sujet du Jeu de Jean Bodel et de la troisième pièce latine du manuscrit d'Orléans. (Voyez ci-dessus, page 111.)

NICHOLAO.

    Dist vus ai de cest paien,
    Ore redirum de un cristien,
    En quele guise il volt deceiver
    Li judeu à qui dust aver.
730 Uns cristienz povres esteit,
    D'or et d'argent mester aveit[1],
    A un Juen vint, si lui dist
    De son besoing, cunsail requist,
    Que aveir voleit enprenter,
    Mès n'aveit gaiges à doner.
    Li Judeu ben le conseillat,
    Sur sa fei aveir lui prestat,
    Et un image en gage prist
    Seint Nicholas, que cil le mist,
740 Que à lur mester iert levé
    Et de grant manere honuré[2].
    Là vint le terme de l'aver rendre,
    Cil que l'out ne volt terme prendre,
    Nel' rendi, ne terme n'en prist.
    Li Judeu vint et si li dist,
    Que ore son aveir li rendist.
    Cil néiat et tut escondist,
    Ceo dist que ren ne li deveit,
    Ne nule ren ne li rendreit.
750 Tant fu la parole menée

---

1. Ces deux vers nécessaires au sens manquent dans le manuscrit de l'Arsenal.

2. Var.   Et une image en plege prist
           De saint Nicolai que cil mist,
           Qui à lor mostier iert livré
           Et à grant honor eslevé.

Et de ambesdeuz parz grantée,
Que si cil jurer voleit
Sur l'image qui plege esteit,
Qu'il tut quite le clamereit.
Cil le ottriat que le freit.
Ore entendez del cristien,
Coveitise fait meinte ren[1].
Tut ceo qu'il deveit rondement
Out ensemblé estreitement,
760 Si l'enclost en un baston,
Puis si liad si environ
Que nuls hom ne s'aperçéut
Que jà aveir dedenz i feut.
Quant vint la terme de la lei,
Son baston portat ovec sei.
Quant al jurer se aprimast,
Al judeu al pouin le liverast,
Puis jurat qu'il lui rendéut
Tut iceo qu'i lui déust.
770 Aprés iceo prist son baston,
Si s'en torna vers sa meison.
Le judeu fu dolenz et laz,
Asez maldit seint Nicholas,
Mult le blamout et si criout
Qu'il n'ert pas tel cum hom contout.
Quant li cristien s'en alout
Od son baston qu'il en portout,
A chemin tel someil li prist
Que il morust s'il ne dormist;
780 Einz el chemin dormir l'estut,

1. VAR.   Covoitise vaint toute rieu.

NICHOLAO.

En travers la rue, si se jut.
Estes-vus iloc un char errant;
Le bover qui vindrent devant
Ne porreient li hom tresturner
Ne les boes del char arester.
Sur le dormant le char passat,
Mort fu, et le baston brisat,
Et l'or que dedenz est chaï.
S'emprès i out levé grant cri,
790 Tut i corurent pur véer
Cel hom mort, et son aver
Qu'il aveit al baston encloz.
Dunt oïssez merveillus loz
De seint Nicholas le baron
Qu'out fait tele demustreison,
Car mustré out apertement
Que cil out erré malement.
Este-vus le Judeu venu,
Le mort o l'avoir a véu.
800 Seint Nicholas forment amat
Que ceo out fait, si li véat
Que il cristien devendreit,
Si revivre le mort feseit.
S'emprès li mors hom revesqui,
Et li Judeu se converti;
Baptizé fu et sa maisnée
Fu od lui baptizée[1];
Et li revescus recontat
Comment vers le Judeu ovrat.
810   Oez, seigneurs, si aprenez

1. VAR.   Fu aveuques lui baptisié.

A rendre ceo que vus devez.
Ne hom ne deit chose voer
Qu'il ne voile rendre et otrier,
Car cil méismes se dement
Que ceo voue que il ne rent.
Savez que seint Nicholas fist?
Uns hom lui voast et promist
Un veisel d'argent à doner.
Cil hom maneit ultre la mer;
820 Il fist fere un hanap mult bon,
Un grant masse i mist del son[1];
Que vus ferai-jo plus long plaist?
Quant le hanap d'argent fut fait
Ceu dit que unques ne vit meillur,
Ne si ben fait, ne de tel tur;
Mult li fu bel, mult lui pesat,
A retenir le coveitat.
« Cest hanap, dit-il, retendrai,
« Un altretel faire en ferai,
830 « Dunt ben me porrai aquitter
« Et à seint Nicholas doner. »
Dunt fist faire un altre veisel,
Asez ben fait et asez bel,
Mès pire fu et plus leger
Et meinz valut que li primer.
Dunt fait son eire aprester,
Et son atur à mer passer,
Por aler à seint Nicholas.
Porter ad fait ces deus hanaps;
840 Mena sa femme et un enfant

1. *Del son*, du sien.

NICHOLAO.

Que il aveit, jà asez grant.
Od l'altre gent entrat en mer.
Si comencierent à sigler;
Quant en cel mer parfond furent
A un hure, quant manger durent[1],
Le meillur hanap, le plus cher,
Fist avant traire à son manger.
Son fil commandat de la mer
Prendre al hanap as meinz laver[2].
850 Cil de la nef fors se estendi,
Od tut le hanap fors chaï;
Tut l'iurent sa gent deperdu,
Si lur fu viz que néé fu.
Este-vus par cele mer grant plur,
Grant marrement et grant dolur[3].
Grant dolur fist li pere;
Mult greignur fit la mere[4],
Crient et plurent et guaimentent,
Copleinent sei, si se dementent,
860 Rumpent cheveus, depescent draz,
Mult reclament seint Nicholaz[5].
Emprès lur fiz en mer sailleisent

---

1. VAR.   A une eure que manger durent.

2. C'est-à-dire que le père ordonna à son fils de puiser avec la coupe de l'eau de la mer, pour laver les mains.

3. Ces deux vers manquent dans le manuscrit de l'Arsenal.

4. VAR.   Grant duel firent tout, mais li peire,
            Greignor le firent et la mere.

5. Au lieu de ce vers, on lit celui-ci dans le manuscrit de l'Arsenal :

   Molt se cleiment caitis et las.

Se li notiniers nel' tenessent.
Sovent les véisciés lever,
Sovent chaïr, sovent pasmer
Pur la dolur de lur fiz cher.
Quant reveneient de palmeison,
Lur fiz apelouent par son non,
Et gardouent là ù il chaï,
870 Od grant pleinte et od grand cri.
Atant vent espessat al tref
Que fist plus tost cure le nef;
Dreitement sunt al port venu
U cil esteient esméu [1].
A terre sunt, ignel le pas
A muster vont seint Nicholas.
Le hanap porterent d'argent
Qui estait fait derainement.
Veilles et afflictions firent;
880 Al alter vindrent, si l'offrirent [2].
Mès li hanap si resorti
Que à la terre à lur piez chaï,
Et cil l'ont ignelement repris;
Arere l'ont sur l'alter miz,
Et le hanap si halt sailli
Qui très ens el quer chaï.
Mult furent cil espoenté
Esbaï et mult esfreié;
Le hanap de rechef pristrent
890 Od pour sur l'alter i mistrent,
Dunt nel' séurent si afermer,

---

1. Ces deux vers ne sont pas dans le manuscrit de l'Arsenal.
2. Var.   A l'autel vindrent, si l'offrirent.

NICHOLAO.

Ne si tenir, ne si garder,
Que de lur mainz ne eschapat,
Entre els halt mult ne volast.
Tuz cil qui cele chose virent
A grant merveille se esbaïrent,
Dunt véissez hom dolent.
Le seignur et la femme ensement
Plorent et palmeient et criouent,
900 Bateient culpe, Deu clamouent,
Clamouent sei pecheurs et laz,
Sovent aplerent seint Nicholas,
Ben séurent que pur lur peschez
Esteit lur fiz en mer nééz,
Et lur offerande refusé
Et del alter regetée.
N'ousent més garder vers l'altel,
Les clers apelent, ne funt el;
De chef en chef lor ont conté
910 Coment il aveient overé,
Del veissel qu'il ourent toleit
Pur ceo que tant ben fait esteit.
Quant il se furent fait confez
Ne demurat gueres aprez,
Es-vos el mostier lor enfant
Le hanap en sa main portant.
En la mer l'avoit rechéu
Et en sa main tostans tenu
Saint Nicolas que mal [véoit]
920 Et le hanap que il portoit[1],
Sans mal, sans dolor et sans mort

---

1. Ces six vers manquent dans le manuscrit de Colbert.

Le menat ben et seint al port[1],
Et desque al muster le menat
U cil pere et mere trovat.
Al muster devant l'alter vint
Od le hanap qu'en sa main tint ;
Sur le alter le mist, cil' beisat,
Trait sei arere, sil' leissat.
Unques le hanap ne se mut.
930 Quant le pere son fiz connut
Et la mere vers lui alerent,
Grant joie firent, Deu loerent,
Et tei mult seint Nicholas ber.
Dunt lur contat cil de la mer,
Que seint Nicholas l'out gardé,
Et salvement à port mené.

 Getro, uns hom de grant bonté,
Mist jadis en une cité
Que Escordance fut apelé[2] ;
940 Del seint oïd la renomée,
Que mult esteit de grant poeir,
Que as peicheurs poet valeir.
Volenté out que à lui irreit
Si sa femme le consenteit ;
Sil' requerreist que Deu préast
Que fiz u fille lur donast.
Eufrosine, sa muiller,
Ne lui volt mie faire leisser,
Ne nel' volt mie retener,
950 En ces oreisons volt parter.

1. VAR.   L'amena li bons sains al port.
2. VAR.   Que Excorande ert apelée.

La dame lui dona congé
Cil a son eire apareillé.
Getro esteit asez mananz
De avers, de rentes, de serjanz[1];
Richement et od bon corage
Alat en cel pelerinage.
Jotro s'esmut, si ala tant
C'à Mirre vint tout droit errant[2].
Quant il en la cité entrat,
960 Pleinte grant et grant plur i trovat,
Car seint Nicholas iert crovez
Et en la vir entreposez[3].
Tut le pople et tut le clerge
Trovat por lui descouseillé;
Dolent esteient, si plorouent,
Et ces grant bontez remembrouent.
Quant Getro sot que mort esteit
Seint Nicholas que il quereit,
Mult fu tristes, mult li pesat,
970 Tuz les mestres clers asemblat.
« Seignurs, dist-il, pur Deu merci,
« De altre tere sui venu si,
« Parler voleie od cest baron,
« De mes peichez quere pardon,
« Mors sui quant n'ai à lui parlé.
« Las! caitis! trop ai demoré;

1. VAR. D'avoir, de terre, de servans.
2. Ces deux derniers vers manquent dans le manuscrit de Colbert.
3. VAR. Grant duel et cri et plor trova
Car saint Nicolas iert finés
Et en sa biere jà posés.

« Or vos pri tous que vos m'aidiés,
« A mon besoing me conseilliés¹.
Cil respondenz : « Nus ne savom
980 « Quel conseil doner te puissom. »
Getro lur dit : « Seignur, des draz
« Me donez de seint Nicholaz ;
« Sis enporterai en ma terre,
« Meillurs reliques ne puis querre ;
« Si ma femme aver le poiet
« Mult richement les gardereit. »
Le chapelain le granterent,
Des draz ne sai que li donerent.
Getro de jurné en jurné
990 Est revenu en sa contrée.
Por le conseil de sa muiller
Fist une esglise édefier.
Une esglise bele fit faire,
Des draz i mist pur saintuaire
Que del seint baron aportat.
Apolonies la dediat.
Apolonies preudom esteit,
La croce et le vesché aveit.
N'iert pas uncore li an passez,
1000 Getro out un fiz et si fu neez
En septembre, en cel jur dreit
Feste seint Nicholas esteit².
Le fiz apelerent Deudoné.

---

1. Ces quatre vers, qui manquent dans le manuscrit Colbert, ont été rétablis d'après le manuscrit de l'Arsenal.
   2. VAR.   Auchois que fust li an passés
                Ot Jotro uns fil qui fu nés

NICHOLAO.

Por ceo que Déus l'out doné.
Getro viveit léalment
Et Eufrosine ensement,
Seint Nicholas forment amouent
Et servieient et honurouent.
Al miels que unques pocient,
1010 Feste seint Nicholas fesoient
Del clercs richement conreer,
De fere lire et de chanter.
Deudoné crut et amendat
Si cum le tenz avant alat,
Mès puis en urent grant dolur,
Grant marrement et grant tristur,
Car robéur l'enfant emblerent
Ultre la mer loinz l'amenerent.
Uns empereres l'achatat,
1020 Qui paenz ert, mès mult l'amat.
Por chou que biaus et gens estoit
Devant lui al mangier servoit[1].
Le jor de la feste al baron,
De qui miracles nus parlom,
De devant son seingnor servoit
A uns hanap que il tenoit[2].
S'il començat à suspirer,
Après le suspir à plorer.

En décembre; ichel jor droit
Feste saint Nicolas estoit.

Le copiste du manuscrit Colbert s'est évidemment trompé sur le mot *septembre*.

1. Ces deux vers manquent dans le manuscrit Colbert.
2. Ces deux vers manquent dans le manuscrit de Colbert.

DE SANCTO

  Li emperere vers lui gardast,
1030 Vit lui plorer, si demandast :
  « Que as que plores devant mei ? »
  « Sire, dist-il, faire le dei,
  « Quant me remembre de ma gent
  « Qui unt pur mei grant marrement
  « Et grant dolur et grant ennui,
  « Car il ne sevent ù jo sui.
  « Emblé lur fui, dolent en sont,
  « Et en cest jur grant feste font
  « De seint Nicholas, un seignur,
1040 « Et jo fui ni à cest jur[1].
  « Grant feste solt fere mis pere
  « A icest jur ovec ma mere.
  « Mult unt hui fait grant asemblé
  « Des clercs de tote la contrée,
  « Qu'il font chanter et halt et bas
  « Ben et bel por seint Nicholas. »
  Li emperere le fercit,
  Par maltalent lui defendit
  Que mès devant lui ne plorast
1050 Ne que sa gent ne regretast.
  Deudoné ne se pout taire,
  Traist sei en suz, n'osout el faire,
  Od tut le hanap qu'il tint.
  Seint Nicholas devant lui vint,
  Deudoné prist, si le menat,
  A Escorande l'enportat[2].

1. Var. Et jou fui neis sor ichest jor.
2. Var. Deudoné prist, si l'enporta,
     Droit Encorande l'emmena.

NICHOLAO.

    Uncore ert sis pere al muster
    Tut sul remis pur Deu préer;
    Portes closes, dedenz ouroul
1060 Et seint Nicholas reclamout
    Qui feste esteit à cel jur.
    Pur son fiz iert en grant tristur.
    Es vus devant lui Deudoné;
    Seint Nicholas l'out amené,
    Que onques porte n'i ovri,
    Ne onques chil ne s'en senti[1].
    Uncore quidoict estre ultre mer,
    Et al paleis le vin porter,
    Al manger que servir deveit[2]
1070 Od le hanap que uncore teneit.
    Quant Getro de ureisonz levast,
    Asez longement le gardast
    Ainz que conustre li peust
    Que ceo son fiz Deudoné feust;
    Mès puis qui l'out entercé[3],
    Corut vers lui, si l'ad beisé.
    Chescon dels deux grant joie fist,
    Dunt voat Getro et promist
    Que chescon an, tant cum vivereit
1080 Feste seint Nicholas fereit.
    Dunt mena son fiz à maison,
    Grant joie et grant feste fist hom.
    Eufrosine en fu mult lée

---

1. Ces deux vers manquent dans le manuscrit Colbert.
2. Var.   Al seingnor que servir deveit.
3. Var.   Mais puis que i l'ot entercié
             Corut vers lui, si l'a baisié.

Que devant ceo iert mult corucé[1].
Dunt ad Deudoné reconté
Cum seint Nicholas l'out amené[2]
De outre mer en si poi de ure;
La mere l'oït, de joie plore.
Chescon an puis qu'il vesquirent
1090 La feste seint Nicholas firent.
Devant cels ne trovum-nus pas
Que servirent seint Nicholas
De faire feste et de honurer
De clers faire lire et chanter?
De maint liu et de mainte tere
Vindrent gent le cors seint requere
Et seint Nicholas depréer
Et faire offrande à son muster.
Un marchand se aparillat
1100 D'aler al seint, en veie entrat,
Od grant aveir que il portat.
A une nuit se herbergast,
Li ostes qui l'out herbergé
Del aveir out grant coveité.
Par nuit leva, ci l'estranglast,
Puis les membres li detranchast.
Quant par peces l'out detrenché
En un tonel l'ad muscé[3].
Sil salat en tel endréit

---

1. Ces deux vers manquent dans le manuscrit de l'Arsenal.
2. Var.   Com saint Nicolas l'ot porté.
3. Var.   Tous ses membres li debrisa.
            Quant par pieces l'ot depecié
            En uns tonel si l'a mucié.

NICHOLAO.

1110 Come char que manger déit.
Quant il l'out fait, si le guerpi,
A son lit vint, si s'endormi.
Seint Nicholas que cil quereient
A qui marche aler voleient[1],
Par Deu et par sa grant vertu
Al ostel vint, ù le mort fu,
Cum un chivaler richement
Aparillé corteisement;
Al tonel vint ù fu le corz
1120 Tuz les membres en a trait horz,
Si posa tuz là ù il furent,
Tut ensement si cum il durent.
Itant li hom mort revesqui,
Mès pas ne solt, ne ne senti
Que il éust esté occis,
Ne que il fut al tonel mis.
Car plaie, ne sursanure,
N'out en son cors ne blescéure.
Quant li seint out od lui parlé,
1130 Et dulcement l'out conforté,
Ala s'en et li marchéant
Remist desque al jur dormant.
Al matin levat, s'il apelat
Le oste par non, cil' saluat.
Congé prist, aler s'en voleit,
Car longe veie à faire aveit.
A grant merveille s'esbaï
Li peichere, quant il l'oï,
Levat sus, sel' prist et li dist

1. Var. A qui merchi aler voleit.

1140 Pur quei et coment il l'occist
Et qui l'out tut descolpé,
Et al tonel mis et salé.
« Prodom, dit-il, jeo te tuai,
« Les os quassai, ta char salai[1].
« Mult est poant seint Nicholas,
« Et socurable à qui tu vas.
« Ben deit l'om requer et preer
« Li seint que si ben poet aider. »
Quant li marchéant l'entendi
1150 Ad damne Deu graces rendi ;
A l'oste dit que ren ne sout,
Mès itant que véu out
Un chivaler et bel et gent
Que l'out conforté seintement ;
Dunt firent paiz, si s'acordèrent :
A seint Nicolas s'en alerent
Chescon pur son pesché preat
Que Deus, ceo crei, lur pardunat.
   Un enemi avom mortel
1160 A tut le peple est communel,
Ceo est deble qui de envie
Est tut tens pleine de boisdie ;
Quant hom plus sert créatur[2]
Tant le vait debles entur
Por deceiver et enginner

1. Van.   Ta char et tes os te brisai.
2. Van.   Quant on sert plus son creator.

Ce vers pris dans chacun des deux manuscrits servirait, s'il en était encore besoin, à établir la véritable étymologie de la particule *on* (voyez, au surplus, le Dictionnaire de Trévoux).

NICHOLAO. 345

Por desturber et por desver.
Uns hom maneit en Lombardie,
Asez estoit de bone vie,
Dampne Deu serveit et amoict
1170 Ces seinz et ces seintez honuroit,
Seint Nicolas meimement
Amout et cherisout forment.
Chescon an feseit asembler
Clercs à la feste pur chanter.
Cum rai lur aparillout
Et ben à chescon del son donout[1].
Là vint le jur qui deveit
Faire la feste qu'il soleit.
Par matin ainz jur se levad,
1180 Vesti sei, sa femme apelad :
« Levez suz, dit-il, levez suz,
« Dame n'est tenz de dormir plus,
« Alum al servise al muster,
« Quant nus seium al comencer[2]. »
« Volenters, dist ele, alom,
« Mès véu ai un avision
« Que anuit m'ad molt esfréié,
« Uncore en sui espoenté ;
« Car mei iert vis que uns leon veneit[3]

1. VAR.   Comme rois aparella bien
         Et à chascun dona del sien.
2. VAR.   « Dame, dist-il, car leveis sus,
         « N'est ore tant de dormir plus :
         « Alons al service al mostier
         « Que nous soions al comenchier. »
3. VAR.   Car chou m'iert vis c'uns hom venoit, etc.

Le vrai texte est ici dans le manuscrit Colbert.

1190 « Qui ma mamele me toleit,
« La char mangout, le sanc beveit;
« Ore nus doint Deus que nus ben seit ! »
Quant il eurent issi parlé,
Al muster sunt amb'douz alé;
A Deu commandat lur ostel,
Et lur enfant et lur chastel.
Quant le matin fu pece alé,
Et le soleil fu haut levé,
La maisnée fu departie,
1200 Et la maison urent guerpie,
N'i out remis se li fanc non,
Qui tut sul gardat la maison.
Tout estoient en grant esfroi
D'apareiller as clers conroi.
Es-vos là uns deable errant
En semblance d'un penéant¹;
A la maison vint, enz entrat,
Del pain l'almone demandat.
Li enfez li dit : « D'ut venez ?
1210 « Que este vus ? coment alez ? »
Dunt respondi li enemiz :
« Jo sui de mult lontain païz,
« Nus hom vivant n'i parvendroit
« Là dont jou sui, tant erreroit.
« A uns roi ai esté en maison
« Avec moi uns mien compaignon².
« Mis compainz forment se preisat

---

1. Ces quatre vers manquent dans le manuscrit Colbert.
2. Les quatre derniers vers manquent dans le manuscrit de Colbert.

« Vers notre seignur enorgoillast,
« Pur ceo que iert en grant honur
1220 « S'orgoillat contre son seignur
« No seignor voloit guerroier,
« Mais il n'i pot rien esploiter;
« Por chou que jou me tieng o lui
« Desiretés sommes andui[1];
« Puis ne poïmes fere pez;
« Ne ferom ceo, cré-jo, jamez.
« Puis que jo fui desherité
« Ne poi unques estre acordé,
« Et li sire est de grant pooir,
1230 « Ne poei vers lui poër aveir.
« Par envie et par maltalent
« Quant ne poi faire acordement
« Commençai tous chaus à mordrir
« Qu'il avoit pris por lui servir[2].
« Tant en ai oscis et mordri,
« N'es averai mès espeni,
« La penitence en face tant gref
« Que jà nul jur ne treite à chef[3].
« Ne me feites plus demorer,
1240 « Don mei del pein, lès mei aler. »
Mult par est deble enginnus,
Mult se peine de enginner nus,
Mult se entremet de desturber

1. Ces quatre vers manquent dans le manuscrit de Colbert.
2. Ces quatre vers manquent dans le manuscrit de Colbert.
3. Var.   Tant en ai ochis et mordri
Ne l'averai mais espani.
La penitance en fai tant grief
Que jà jor n'en trairai à chief.

Cels que i veit Deu honurer.
Quant li enfès out aporté
Le pain que cil out demandé,
Nis quers altre ne demande[1].
Li deble vers lui alast,
S'il prist, ci l'estranglast;
1250 Puis li dist : « N'ai soing de manger,
« Mais des gens faire trébucher.
« Chou est mes délis, ma viande ;
« Mes cuers nule autre ne demande[2].
Quant li servant le mort troverent
Mult lur pesat et mult plurerent;
Asez tost fu noncié al pere,
Oez que dol en fist la mere[3].
Unques plait al muster nel' tindrent,
Celéement à maison vindrent.
1260 Quant lur enfant estranglé virent,
Quel merveille si grant doel firent?
Grant marrement unt et grant doel,
Mels volsissent murir lur voel[4].
Qu'il véissent lur fiz mort.
Ne quident mès aver confort.
Li pere plure et grant pleinte fait

---

1. Ce vers, inutile au complément du sens, et qui n'a pas de rime correspondante, manque dans le manuscrit de l'Arsenal.

2. Ces quatre derniers vers manquent dans le manuscrit de Colbert.

3. VAR. Uns fu qui le conta al peire ;
Oiés quel duel en fist la mere.

4. VAR. Mieus vousisent morir lo veul.

Je crois que cela signifie que leur vœu, leur désir serait de préférer la mort.

NICHOLAO.

Et la mere les chevels destrait,
Et dit : « Las! mai! mal-urée!
« Ahi! Deus! Cum male destinée!
1270 « Et Deus! cum grant mesaventures!
« Tant estei ere lee et seures!
« Ore ai tote ma joie perdue.
« Lesse! cheitifve, mal venue!
« Mon songe dei ben aver prové,
« Ben ore en sai la verité,
« Quil[1] leus qui mon traiant preneit
« Et que le sanc de mei beveit
« Fu ben dreit signifiance
« Que averaie grant pesance;
1280 « Mon sanc but, et prist mon traiant,
« Cil qui ad occis mon enfant.
« Glorius reis de Paradis,
« Seint Nicholas, pur quei sosfriz
« Que nostre[2] enfant perdissom,
« Quant à ton servise esteium? »
La mere le dementout[3],
Le cors teneit et enbraçout;
Grant doel aveit par la meison.
Qui dolent se li pere non?
1290 « Las! mei dolent, fait-il, cheitif!
« Quel doel est que jo sui vif?
« Et Deus! tant sulée[4] que jo l'oi!

---

1. On lit au manuscrit *quil* pour *kil* ou *cil*.
2. (*nostre*).
3. *Sic*. Mais il faut lire :
   La mere issi se dementout.
4. *Sulée*, pour *soulas* ou *sulas*, du latin *solatium*.

DE SANCTO

« Et Deus! me m'ad duré si poi!
« Ma joie m'ad duré si petit!
« Ore ai grant doel ; veir deit qui dit :
« Enprès grant ris ad molt grant plur;
« Après grant joie grand tristur.
« Uncore hui matin al jur
« N'aveie-jo doel ne dolur;
1300 « Grant mal m'est venu en poi d'ure.
« Deus! quel pesché m'est coru sure.
« N'aveie od mei nul enfant
« Et cestui sul amoue tant!
« Perdu ai mon fiz et mon eir
« Et mès altre ne quide aveir.
« Bel fiz cher, tant mar vus vi!
« Mort, que demores? vieien, si me osci ;
« Mort, quer me prent, et si me rent
« Celui dunt ai le quer dolent.
1310 « Bel fiz de ceo sui angoissuz,
« Que jo ne poi morir pur vuz.
« Seint Nicholas que en ferai
« De mon enfant que perdu ai¹? »

1. Var. « Grant duel est que ore sui vis.
  « Quant si tost ai mon fil perdu!
  « Dieus! Si poi d'eure l'ai éu!
  « Hé Dex! Tant par fui liés quant l'oi!
  « Hé Dex! Il m'a duré si poi!
  « Ma joie m'a duré petit.
  « Ore ai grant duel : voir dist qui dist :
  « Après grant ris a-on grant plor;
  « Après grant joie grant dolor;
  « Après grant gaing grant damage,
  « Après grant santé vient grant rage.
  « Encore hui matinet al jor

NICHOLAO.

Le pere et la mere plorouent,
Pleinent sei, si se palmouent¹.
Quant il eurent asez ploré,
Et longhement plaint et crié²,
En la chambre unt le cors porté,
Et as serganz ont deveué
1320 Que jà nul mal semblant ne front
Del doel que de lur enfant unt,
Pur les clers qui s'esmaieroient,
Et lor manger qui guerpiroient.
Issi fu com il commandeirent³,
Et li clers vindrent, si dignereient.
As tables erent jà asiz,
Et devant els le manger miz,
Et as hanaps aveient vin;
Este-vus à l'us un pelerin,

 « N'avoie ne mal, ne dolor.
« Grant mal m'est venus en poi d'eure;
« Dex! quel pechié m'est coru seure!
« N'avoie mais que un enfant,
« Et icelui amoie tant!
« Perdu ai mon fil et mon oir,
« Et jou mais n'en quit nul avoir. »
Dont dist: « Biaux fix! Tant mar vos vi!
« Mort que fais çà? Vien, si m'ochi;
« Mors, car me pren, ou tu me rent
« Celui dont j'ai le cuer dolent.
« Beaux fix de qui sui angoissous,
« Que jou ne puis morir o vous!
« Saint Nicolas! Et que ferai
« De mon enfant que perdu ai? »

1. Ils se frappent les deux mains en signe de désespoir.
2. Ce vers manque dans le manuscrit de Colbert.
3. Ces deux vers manquent dans le manuscrit de Colbert.

1330 Qui ad le digner demandé
El non de seinte charité.
Seignurs, ceo fu seint Nicholas [1];
Plein de pité ne voleit pas
Que li prudom son fiz perdist,
Ne il n'altre que li servist.
Quant il out le digner rové,
Et li sires l'out enz mené :
« Ne puis, dist-il, estraitement
« Digner ovec presse de gent,
1340 « Enz ta chambre manger me fai,
« Car altrement ne mangerai. »
Li prudom ne se vout retraire
Del almone qu'il voleit faire.
Le pelerin ovec sei mene
En sa chambre la plus demene [2]
U li cors de l'enfant giseit
Que le pere muscé aveit.
Seint Nicholas s'aprismat
Par la [main] le prist, cil' nomat;
1350 Puis depreast nostre Seignur
Que il pur la sue amur
Et pur lui le feïst revivre.
Estez vus l'enfant sain et delivre;
Levat sus, son pere apelat,

---

1. Intervention de l'acteur, ou de l'auteur, qui montre bien, comme l'a fait le prologue, que ces pièces se récitaient devant des personnes de considération.

2. On lit *demaine* au manuscrit de l'Arsenal; *chambre demene* me paraît signifier la chambre du maître, la pièce la plus intérieure de l'habitation.

NICHOLAO.

    Sa mere prist, cil' enbraçat.
    Seint Nicholas s'esvanui,
    Que nul nel' vit, ne ne l'oï.
    Quant li enfez fui revesqu,
    Il fu seinz et salfs véu,
1360 Et la chose fu conéue
    Que de lui esteit avenue.
    Tote la gent grant joie firent,
    Et grant loenge à Deu rendirent
    Et seint Nicholas plus amerent,
    Et plus volentiers l'onurerent.
    Ben iert sa feste enceis gardé,
    Puis fut itreistant célébré.
    Ben esteient li clers servi,
    Puis furent meus et plus cheri.
1370 Ben devom bon seignur amer
    Et ben servir et honurer.
    Qui ben et bel sert nostre Seignur,
    Ben tost avera preu et honur;
    Bon sire son serf pas ne ublie
    Quant veit que ait mester d'aïe.
    Pur ceo que cil l'aveit amé
    Seint Nicholas et honuré
    Li mustrat-il que il l'amout
    Et que de lui se remembrout.
1380   Puis que seint Nicholas finat,
    Et de ceste vie trespassat,
    Fu son cors tenu en cherté
    Et en mult grant auctorité.
    De fors Mirre, enprès la cité,
    Out un muster d'antiquité,
    Là fist l'om le cors sevelir.

DE SANCTO

Moines i out pur Deu servir.
De la tombe ù le cors giseit
Une manere d'oile isseit;
1390 La gent que nul mal aveient
S'i oigneient, s'i garisseient.
Li seinz se laveient pur seinté
Et li malade pur sanité[1].
Meint palacion, et meint contreit,
Meint feurus[2], et meint engrote,
Receut par cel oile sanité.
N'i out baron en tote tere,
Pur ren qu'il saveint fere
Que le cors péust remuer,
1400 Ne en sa contrée porter,
Mès Deus ne lur volt consentir,
Ne ne lui vint à pleisir.
Li reis, qui out en poesté
Eü Mirre et tot le regné,
I envead un son baron,
Un prodom, par espison,
Si jà le cors aveir péust
Par nul engin que unques feust.
Cil vint, unques ne l'atochast,
1410 Ne unques parler n'en osast.
Quant vit que estre ne porreit
Que il éust ceo qu'il querreit,
Seint Nicholas ad deprée
Que se li plait, par sa pité,

1. VAR.   Li sain là orent por saintée,
           Et li malade por santé.
2. *Feurus*, ou *féru*, blessé.

NICHOLAO.

    Li doint alcune ren de sei,
    U chars, denz, u os, u dei,
    Qui veer puisse et beiser,
    Ne de cest liu allurz porter;
    N'aveit de ren tel desirer,
1420 Ne ren ne peut de li aver;
    Doint lui qu'il poisse véer
    Et beiser de lui que que seit,
    Car ren est que tant coveit.
    Li seint oï que cil pread,
    Si li fist ceo qu'il desirast.
    Li prodom dont jo vus ai dit,
    Od tut un veiselet petit,
    Vint al segrestain, si lui dist[1],
    Qui de l'oile lui departist;
1430 Et cil ad le vesselet pris,
    De l'oile lui ad dedenz miz,
    Et puis li ad sa main tendu,
    Et il l'ad homblement reçeu.
    Quant il le tint dedenz gardat,
    Un des dens del seint i trovat.
    Léé fu, unques n'out esté ci,
    A damne Deu graces rendi
    Et al seint dunt il ad le dent;
    Volentiers le baisa sovent;
1440 Mult l'out cher et grant joie en fist;
    En une casse de or le mist,
    Et sur une alter la posa;
    Semprès quant il l'engarda
    De la casse vit le oille surdre

---

1. VAR.   Vint al costre et se li dist.

Et fors decore et sor undre,
Dunt l'ad en une paile posé,
Et mult estreit envolupé,
Pur l'oile faire retenir
Que mès ne s'en péust issir.
1450 Quant il plus l'estreinst et coveri
Tant corut plus et espandi.
Unques ne s'en solt tant pener
De lier ne de envoluper,
Qui unques retenir péust
Que tut tens l'oille ne corut,
Dunt se prist à desesperer
Que la dent ne porreit porter.
Tant la garda et tant la tint,
Que enprès la vespre la nuit vint.
1460 En une boiste la ferma,
Mult estreitement le garda
De si que par matin levast,
Le dent a pris et l'en porta[1].
Quant la noit en dormant se jut,
Seint Nicholas lui aparut,
Que en sa main le dent portat;
Devant lui vint, si lui mustrat,
Puis li ad dit : « Os-tu, amiz ?
« Jo te ai fait ceo que tu quesiz;
1470 « Tu az beisé ma dent,
« Mès tu n'en porteras noient;
« Ne puis estre devisez
« Ne nul membre deseverez;
« L'om ne me pot nent departir

[1]. Ce vers manque dans le manuscrit de Colbert

« Jo ne puis pas i consentir. »
Quant il out ceo dist, cil guerpist.
Cil le esveillat, del lit saillit,
La denz quist là ù il l'out miz,
Ne la trovast car ele ert priz,
1480 Dunt solt ben, nent ne dotant
Que seint Nicholas le enportant
Et que il out à lui parlé,
A merveille l'a apreisé
Qu'il ne pout porter la dent,
Ne que le seint ne li consent.

Oez que nus trovom en lisant
Que li ber fist en son vivant.
Un hom estoit palacinus,
Tant ert feble, tant dolerus
1490 Qu'il ne pout sur ses pés ester
Ne ses mains à son chef lever.
Palacin est de tele nature
Là ù il prend longement dure;
Jà des menbres ù hom l'aurast
Nule ren faire ne porrast;
Si li fait les menbres secher
Que il ne s'en pot ren aider.
Uns hom qu'ot cest enfermeté
Si ne poeit aveir sancté;
1500 De une vile ù il miz aveit,
Aresune apelé esteit[1]
Fut à seint Nicholas mené;
Sur un chival fut aporté.

---

1 V ar.   D'une vile où il mes avoit
           Qui Insilum apelé estoit...

Li seint hom al muster urout,
Quaresme esteit, si junout.
Cil qui le malade aportat
Seint Nicholas pur lui preast
Que Deu preast et requesist
Que cel malade sein féist.
1510 Savez que seint Nicholas fist?
Del oïle de lampe prist,
Si en oint le cors environ
Et fist à Deu un ureison
C'al malade donast santé
Que iluec li fu amené[1].
Dès qu'il out oré sailli suz,
Ben sain, unques n'out esté piuz[2].
Cil qui anchois ne pout aler,
Ne se moveir, ne retorner
1520 Et qui aveit le palacin,
Tut sein, tut lie, tint son chemin.
Après si n'ot que uns petit
Uns hom plain de mal esperit
Dusc'al mostier amenés fu;
Fous iert, le sens avoit perdu;
Desvé iert de male maniere
C'as parois et à la masière
Et par tout là où il pooit
Hurtoit son chief et debatoit.
1530 Tant avoit son chief démené,
Tant debatu et dehurté
Que toute la char ot blesmie

---

1. Ces deux vers manquent dans le manuscrit de Colbert.
2. Plus.

NICHOLAO.

Toute crevée et porrie.
Li venins qui de lui issoit
Tout aval la char li coroit.
A trois homes l'estuet mener,
Autrement ne pooit aler.
Chil ont seint Nicolas proié
Que de chel desvé ait pitié.
1540 Si pria dont à son seingnor
Que santé li doint por s'amor.
Li bons confessors le seingna,
Tout sain et tout lie l'envoia.
Chil qui avoit esté desveis
Fu bien garis et bien sanés,
En Dieu créoit et reconut
Et honora si com il dut [1],
Que l'aveit guari par sa grace.
 Qui fait le livre? mestre GUACE,
1550 Qui l'ad de seint Nicholas feit
De latin en romanz estreit,
Al'oes Robert, fiz Tiout [2],

---

1. Ces vingt-six vers, depuis le commencement de l'alinéa, manquent dans le manuscrit de Colbert.

2. Wace dit qu'il a composé cette vie de saint Nicolas à la prière de Robert, le fils de Tiout. Ce Tiout, que l'on appelait aussi *Banoise*, était d'une des plus anciennes familles de Caen; M. l'abbé Delarue, notre savant confrère à l'académie des Inscriptions, a bien voulu nous faire passer ce renseignement; il ajoute que Tiout vivait au douzième siecle, et que, dans les anciens Cartulaires, on voit que les membres de cette famille depuis longtemps éteinte étaient revêtus des premières fonctions. Elle a donné son nom à une rue de la ville de Caen. (Voyez *les Origines de Caen*, par Huet; Rouen, 1706, in-8°, page 108.)

DE SANCTO NICHOLAO.

  Qui seint Nicholas mult amout.
  Mult avereit longes à penser
  Qui en romanz voldreit conter
  Et torner en consonance
  Ses granz miracles et sa vie;
  Ne nus ne trovomes pas escriz,
  Ne nus n'es avom tos oïz[1].
1560 Depreom Deu nostre seignur
  Que cest seignur et pur sa amur
  Nus doint de nos peichez pardon
  Et venir à confession
  Que nus od Deu regner poissom,
  In secula seculorum.
   Amen! Amen[2]*!*

EXPLICIT.

1. Les dix vers qui précèdent, fort importants puisqu'ils contiennent le nom du poète et celui du personnage qui l'a prié de composer cet ouvrage, manquent dans le manuscrit de l'Arsenal.

  2. Var. Or proions tout à cel seignor
       Que il nous gart tous de dolor,
       Et que nous laist teus œvres faire
       Que à Jhesu tout puissent plaire
       Et quant de ci trespasseron,
       Que nous sa gloire recevon.
       Amen! amen! amen! amen!

EXTRAIT

DU LIVRE INTITULÉ :

LI ESTABLISSEMENT DES MESTIERS DE PARIS.

CRIEURS DE VINS.

Nuls ne peut estre crieur à Paris, se il n'en a empetré le congié au prevost des marchans et aus eschevins de la marchandise, et quant il en a empetré le congié, il doit .iiij. deniers aus maistres des crieurs, et pour les .iiij. deniers le mestre des crieurs li doit adrecier ses mesures et apointer.

Quiconques est crieur à Paris il convient qu'il doint au prevost des marchans et aus eschevins de la marchandise ou à leur commandement seurté de .lx. sols .i. denier, et sur cele seurté li doit livrer li taverniers son hanap.

Quiconques est crieur à Paris il doit tous les jours qu'il est en escript, dès le premier jour qu'il fu mis en escript jusques à donc qu'il en yert ostez, chascun jour .i. denier à la confrairie des marchans, hors mis tant seulement le dymenche qu'il ne doit riens, se li crieres n'est malades, ou il va en pelerinage à Saint-Jaques, ou oultremer, et quant il va en ces pelerinages il doit prendre congié au palloer aus bourgois et soy fere arrester tant qu'il ait fait son pelerinage, ou il paieroit chascun jour .i. deniers; et se il est malades il le doit faire monstrer au mestre des crieurs, ou il seroit tenu à paier le deniers chascun jour.

Quiconques est crieur à Paris y convient qu'il jure sur sainz que il bones mesures portera en sa taverne, et qu'il n'en y saura nulle mauvaise qu'il ne face assavoir, et qu'il gardera le proufit aus taverniers et au commun de la ville, à son pooir.

Quiconques est crieur à Paris il peut aler en laquele taverne qu'il voudra et crier le vin, pourtant qu'il y ait à broche, se en la taverne n'a crieur, ne li tavernier ne li peut veer, et se li tavernier dit qu'il n'y a point de vin à broche, li crieres aura son serment que il ne vendi onques derree soit ses celiers clos ou ouvert. Se li crierres treuve beveurs en une taverne et il leur demande à quel feur il boivent, le crieur criera à cel feur qu'il li dirout, veulle ou ne veulle li tavernier pourtant qu'il n'y ait crieur.

Le tavernier qui vent vin à Paris qui n'a point de crieur et il clot son huis contre le crieur, le crieur peut crier le vin au tavernier au feur le roy, c'est assavoir à .viij. deniers se il est bon temps de vin, et se il est cher temps de vin, il le peut crier à .xij. deniers.

Le crieur ne peut porter vin pour crier se il ne le trait ou ait veu traire par devant lui par son serement.

Li crierres a tous les jours de sa taverne .iiij. deniers au moins et plus il ne peut prendre par son serement. Se li crierres n'a taverne pour ce ne demeure il pas que il ne paie le denier chascun jour aussi comme il est dit dessus.

Li crierres est tenu de requerre sa taverne avant qu'i soit heure de crier, pour ce qu'il doit encuser le vin qu'il doit crier avant qu'il crie; et se ancuseurs vont le tavernier li peut veer sa taverne et dire qu'i n'est mie temps de requerre mestre, quar encuseurs vont, et li crierres li peut demander sa taverne à l'en demain.

Li crierres doit crier chascun jour .ij. fois, fors mi quaresme, les dymanches, les vendredi et les .viij. jours de Noel et les vigiles qu'il ne crient que une fois.

Le vendredi de croiz aorée ne crient pas crieurs, mais il encusent apres le service. Li crieurs ne crient pas le jour que li roys ou la royne ou leurs enfans meurent.

Se li roys met vin à taverne tuit li autre tavernier cessent et li crieur tuit ensemble doivent crier le vin le roy au mein et au soir par les quarrefours de Paris, et les doivent li mestre des crieurs mener; et de ces vins crier doivent il avoir chascun .iiij. deniers aussi comme de leurs autres tavernes.

Li prevoz de la confrairie des marchans et li eschevin ont la justice de tous les crieurs de toutes choses, fors mise la justice de la propriété et de sanc et les autres par dessus.

Se li crieur mesprent es choses de leur mestier le prevost des marchans le fait mettre el cep tant qu'il ait le mesfait bien espiés, se ce n'est de larrecin ou des choses dessus dictes que le roy cognoist.

Li crierres doit livrer à son tavernier mesures, soient bones, ou ne soient les mesures au tavernier.

FIN DES PIÈCES JOINTES AU JEU DE SAINT NICOLAS.

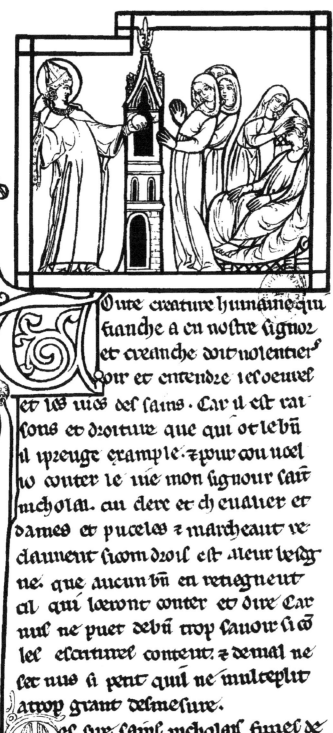

Oute creature humaine qui
tianche a en nostre signor
et creanche oit volentiers
oir et entendre les oeures
et les uies des sains. Car il est rai
sons et droiture que qui ot le bñ
il i preigne example. ᘔ pour cou uoel
no conter le uie mon signour saint
nicholai. ou clerc et chiualier et
dames et puceles ᘔ marcheant re
clament sicom droit est a leur besõg
ne. que aucun bñ en retiegneut
ail qui le orront conter et oire. Car
nus ne puet de bñ trop sauoir si cõ
les escriturel content. ᘔ de mal ne
set nus si peut quil ne multeplit
a trop grant desmesure.

el sire saint nicholau fuuel de
haute ligniie de la cite de pa

in lamentum ~ merorem versa est
leticia quam prebebat olim nobis rerum habun-
dancia. O rerum inopia. heu heu perierunt hu-
ius vite gaudia. forma genus morum splendor iuuen-
tutis gloria. cum probatur nichil esse dum desit pecu-
nia. O rerum inopia. heu. finis opum dum re-
cedunt luctus ~ suspiria. eia pater ipse lugens opes
lapsas predia. tractat secum ut speramus dapnoy socia.
O rerum inopia. heu. heu. perierunt huius vite gaudia.

Jouy Scrips. a MSS. XIII. Saeculi,
Bibliotheca Aurelianensis.

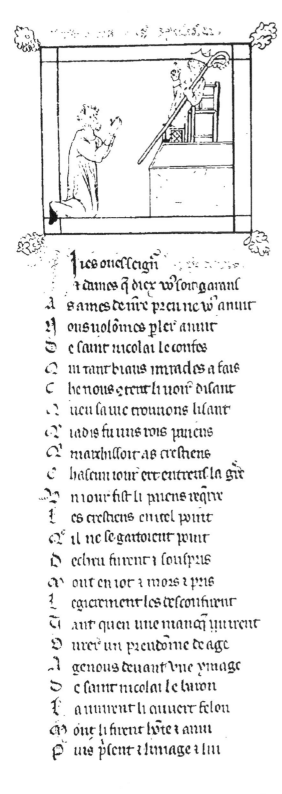

J ués oue(ſſeign̄
    t dames q̃ dieu v̄ſoit garant
A s ames de ſire preu ne v̄ aunit
M ons volōmes pler auint
D e ſaint nicolai le confes
Q ui tant biaus miracles a fais
C he nous e tent li voir diſant
Q uen ſa vie trouuons liſant
Q u iadis fu uns rois puieus
Q ui mathiſſoit as creſtiens
C haſcun iour ert entrent la gr̄e
M our fiſt li puieus requir
L es creſtiens en tel point
Q u il ne ſe gartoient point
D echeu furent t ſouſpus
M ont en iot t mors t pus
L egierment les deſconfiurent
T ant quen une manch viurent
O reſ un preudome de age
A genous deuant vne ymage
D e ſaint nicolai le baron
L a uurent li auueit felon
M ont li furent lote t auni
P uis p̄ſent t l imnage t luy